KB273257

헬라어, 세상을 말하다

유복곤 헬라어 시리즈 2

헬라어,
세상을 말하다

유복곤 지음

베드로서원

Στον καθηγητή μου

Ιωάννη Δ. Καραβιδόπουλο

με εκτίμηση και αγαπή

이 책을 세계 사본학의 거두인 나의 지도교수

요한네스 까라비도뿔로스 교수님

(Johannes Karavidopoulos,

헬라어 신약성서인 네슬레-알란트 27판과 UBS 4판의 편집자)께

삼가 바칩니다.

　　예수 십자가에 붙들려 몸부림치며 하나님의 말씀인 신약성경을 연구한 지 어언 25년이란 세월이 흘렀습니다. 항상 그랬듯이 한국적 토양에서 성경을 헬라어 원어로 직접 읽고 해석하기란 어려운 과제이었기에, 그리스로 유학을 떠나 12년을 현지에서 생활하며 헬라어 습득을 하였지만 여전히 어렵기는 마찬가지입니다. 그러나 성경을 우리말 번역으로 읽으면 흑백 텔레비전을 보는 것 같으나, 하나님의 말씀을 헬라어 원어로 읽고 묵상하면 3D 텔레비전을 보는 것과 같이 그 뉘앙스가 더욱 선명하게 입체적으로 다가오는 생동감을 맛볼 수 있습니다. 그러기에 모든 목회자들, 신학도들, 평신도 지도자들의 꿈은 말씀을 원어로 해석하는 것이었습니다. 비록 이 길이 험난하고 어렵지만 한국교회가 반드시 넘어야 할 과제였습니다. 사실 한국교회 만큼 말씀과 성경공부를 강조하는 나라도 드물지만, 아이러니컬하게도 한국교회처럼 성경 원어연구가 등한시되어 온 나라 또한 드문 게 현실입니다.

　　이 어려운 현실을 극복하고자, 하나님의 말씀을 원어로 가슴에 품은 채 그 속에 담긴 하나님의 신비로운 음성을 듣기 위해 노력하며 살아가는 사람들에게 조금이나마 도움이 되고자 이 책을 기획하게 되었습니다. 한국인 최초로 그리스에서 신학을 전공하여 박사학위를 받은 자로서 한국교회 강단을 위해 무엇인가 헌신해야 한다는 부담스러운 짐이 늘 가슴을 짓눌러온 지 몇 년이 흘러 이제야 그 결실을 내놓게 되었습니다.

고대 지중해세계에서 3이라는 숫자와 7이라는 숫자는 항상 신비롭고 완전을 의미하여 행운을 가져다주는 숫자입니다. 이 3과 7을 합하여 하나님의 말씀은 완전하며 영원하다는 의미에서 기독교 신앙의 핵심 용어 37개를 엄선하여 목회자들, 평신도들이 헬라어에 대한 부담감을 최소화하고 쉽게 원어에 접근하도록 먼저 그 어원을 풀이하였습니다. 그리고 그 속에 담긴 예수 신앙의 모습과 세상을 향한 하나님의 마음을 헬라어 화폭에 새겨 우리의 신앙을 새로운 각도로 재조명하였습니다.

이 책이 나오기까지 많은 지인들의 도움과 격려가 있었습니다. 무엇보다 여기에 실린 여러 글들은 한국성결신문의 「헬라어 원어로 푸는 세상 이야기」 코너에 2년간(2010년 가을~2012년 여름) 연재한 글과 「성서세계」 소식지에 실린 몇 편을 모아 새롭게 다듬은 것입니다. 이 기간 동안 한국성결신문에 원고를 게재하도록 힘써주신 조재석 편집장님과 여러모로 조언을 아끼지 않았던 후배 김대식 박사께 감사드립니다. 오랜 기간 동안 필자의 그리스 유학생활에 어려움이 없도록 국비 장학금을 지원해준 그리스 외무부 당국(I.K.Y.)과 아리스토텔레스대학교 당국의 사랑에도 예를 표합니다. 이와 함께 박사과정의 동료로서 신약성서에 미쳐 밤낮을 잊은 채 캠퍼스에서 토론하며 동고동락했던, 지금은 아리스토텔레스대학교 신학부의 신약학 교수들로 재직하고 있는 나의 절친 모스호스(G. Moshos)와 하라람보스(A. Charalampos)의 얼굴이 아른거립니다.

특히 한국을 모른 채 18년 동안 외국에서 살아왔지만 모든 장벽을 극복하고 연세대학교 국제학부에 우수한 성적으로 입학해 아빠의 무거운 짐을 벗어준 딸 하은에게 깊은 사랑을 전합니다. 아울러 지겹고 따분했지만 그러나 행복했던 유학생활 12년을 천직인양 기쁨으로 견딘 사랑하는 아내 손종희 박사에게도 고마움을 전합니다. 어려운 출판사의 상황에도 불구하고 필자의 사유가 담긴 이 원고를 흔쾌히 출판해주신 베드로서원의 방주석 장로님께도 감사드립니다. 아무쪼록, 이 졸저를 나의 멘토이자 학문의 아버지되시는 요한네스 까라비도뿔로스 교수님(Johannes Karavidopoulos, 네슬레-알란트 27판과 UBS 4판의 편집자)과 이 철없는 동생을 위해 항상 눈물의 기도로 격려하는 유영숙 전도사님께 삼가 바칩니다.

2013년 봄날,

아레오바고 언덕을 그리워하며 유 복 곤

C·O·N·T·E·N·T·S

All men are like grass,
and all their glory is like the flowers of the field,
the grass withers and flowerss fall,
but the word of the Lord atands forever.
And this is the word that was preached to you.

헬라어로 바라본 신앙의 여정

헬라어로 바라본 신앙의 여정

chapter 01

익투스! 초대교회의 신앙고백

헬라어, 세상을 말하다

"ΙΧΘΥΣ" (익투스)

우리나라는 사계절이 뚜렷한 나라입니다. 그런데 유독 봄이나 가을에는 여행객이 많아집니다. 봄에는 꽃구경으로, 가을은 단풍구경으로 행락객들은 유수한 고장과 명산 유적지를 찾아 떠나고 자동차들은 꼬리에 꼬리를 물고 저마다의 목적지를 향해 바삐 서두르느라 꽁무니 관리도 제대로 못할지 모릅니다. 자동차 꽁무니를 찬찬히 뜯어보면, 어떤 차는 연인들의 이름 이니셜을 스티커로 붙이기도 하고, 간혹 해병대의 마크도 눈에 띕니다. 그런데 유독 물고기 모양의 스티커에 새겨진 낯선 글자가 눈에 들어와 도대체 그것이 무엇을 뜻하는지 의아해 할 것입니다. 그것은 다름 아닌 '익투스'(ΙΧΘΥΣ)

라는 헬라어 알파벳입니다.

　신약성경은 고대 그리스 사람들이 사용했던 코이네 헬라어로 기록되어 있습니다. 헬라어는 자음 17자, 모음 7자를 합해 총 24자로 구성되어 있습니다. 2천년이 지난 오늘날 성도들은 헬라어를 접해 볼 기회가 없었기 때문에 성경을 원어로 읽을 수가 없습니다. 그러나 다행히도 우리는 이 "ΙΧΘΥΣ"를 통해 헬라어 24자 중에서 5자를 주변에서 흔히 볼 수 있게 된 것입니다. 우리는 이 헬라어 원어를 보면서 자동차를 타고 가는 사람이 그리스도인이라고 짐작할 수 있을 것입니다.

　헬라어로 '물고기'라는 뜻인 '익투스'는 신약성경에 20번이나 등장합니다. 예를 들면, 우리가 잘 아는 성경말씀 "너희 중에 누가 아들이 떡을 달라 하면 돌을 주며 생선[ΙΧΘΥΣ: 익투스]을 달라 하면 뱀을 줄 사람이 있겠느냐"(마 7:9-10)를 비롯해서, 예수님의 오병이어 기적에서 "물고기[익투스] 두 마리"(마 14:17-21; 눅 11:11), 성전세 바치는 이야기에도 "고기[익투스]를 가져 입을 열면 돈 한 세겔을 얻을 것이니"(마 17:27), "베드로가 말씀에 의지하여 그물을 내리니 고기[익투스]를 잡은 것이 심히 많아 그물이 찢어지는지라"(눅 5:5-9)는 말씀들에 익투스가 나옵니다. 또한 "제자들이 부활하신 예수님께서

구운 생선[익투스] 한 토막을 드리니 받으사 그 앞에서 잡수시더라"
(눅 24:42-43), 디베랴 바다에서 부활하신 예수님의 말씀에 의지하여
배 오른편에 그물을 던졌더니 베드로가 "그물을 육지에 끌어 올리
니 가득히 찬 큰 물고기[익투스]가 백쉰세 마리라"(요 21:1-11) 등 곳
곳에서 '익투스'라는 헬라어가 다르게 번역되어 등장합니다.

특별히 우리말 성경에 물고기, 고기, 생선 등으로 번역되는
"ΙΧΘΥΣ"는 로마 카타콤의 프레스코 벽화에서 발견된 후, 초대교회
성도들의 상징이 되어 왔습니다. 1세기 지중해 연안에 살았던 우리
믿음의 선조들이 로마제국에 의해 큰 핍박을 받을 때, 초대교회 성
도들은 지하 공동묘지인 카타콤에 숨어 지낼 수밖에 없었습니다.
그리고 자신이 그리스도인이라는 것을 누구에게도 말할 수 없었습
니다. 이 절박한 시대에 '물고기' 표지는 자신이 그리스도인이라는
신분을 알리는 일종의 암호였던 것입니다.

이렇게 물고기가 그리스도인의 상징이 된 것은 헬라어 단어의
다음과 같은 특징 때문이었습니다. 물고기란 뜻의 헬라어 "ΙΧΘΥΣ"
는 초대교회 성도들에게 "예수 그리스도는 하나님의 아들 구세
주"라는 뜻 깊은 신앙고백적 의미를 담고 있었습니다. 왜냐하면
Ιησούς(예수스=예수), Χριστός(크리스토스=그리스도), Θεου(테우=하나님

의), Υἱός(휘오스=아들), Σωτήρ(소테르=구세주)의 첫 머리 글자만을 모으면 바로 '익투스'(ΙΧΘΥΣ), 즉 '물고기'라는 뜻의 단어가 되기 때문입니다. 이와 같이 초대교회 성도들은 로마당국의 박해를 피해 지하 도시 카타콤에 숨어서 물고기 상징을 통해 예수에 대한 신앙을 고백했습니다. 또한 카타콤의 미로에서 물고기 머리가 가리키는 방향을 따라 집회장소를 찾아갔으며, 한 사람이 물고기의 반을 그려 놓으면 다른 사람이 나머지 절반을 그려 넣음으로써 서로가 예수에 대한 하나의 신앙을 가지고 있음을 확인하기도 했던 것입니다.

초대교회 성도들이 순교하면서까지 예수를 향한 신앙을 "ΙΧΘΥΣ"를 통해 고백하였듯이, 자동차 범퍼 뒤에 붙어 있는 "ΙΧΘΥΣ" 또한 '나는 그리스도인입니다!'라는 신앙고백적인 의미가 담겨 있는 것입니다. 다시 말하면 오늘날 이것은 그리스도인들의 '명품장식'이 되었습니다. 그런데 왠지 이 둘 사이에 존재하는 '무게의 차이'가 우리의 신앙을 다시 한 번 독려하고 있는 것 같습니다. 이 거룩한 용어가 자동차의 액세서리나 교통사고를 예방하고자 붙여 놓은 부적처럼 되어버린 것 같은 쓸쓸한 느낌을 저버릴 수가 없기 때문입니다. '익투스'라는 거룩한 이름이 자동차의 범퍼 뒤에 붙은 것처럼 그 신앙고백마저 뒷전이 되지 않기를 간절히 바라는 필자의마음이 자동차 운전을 하는 모든 그리스도인들에게 동일하게 절실하였으면 좋겠습니다. 왜냐하면 현재도, 아니 영원히 "예수 그리스도는 진정 하나님의 아들이시며 우리의 구세주"이시기 때문입니다.

chapter 02

교회여! 스캔달론을 조심하라

헬라어, 세상을 말하다

"σκάνδαλον"(스칸달론)

하루가 멀다 하고 교회가 언론으로부터 집중적인 타격을 받고 있습니다. 포화를 뚫고 나갈 수 없을 정도로 사방에서 폭격을 하고 있는 것입니다. 전술교리에 따르면 원래 포격이란 한 번 탄착군이 형성된 곳에는 다시 떨어지지 않아야 하는 것입니다. 그런데 지금 교회는 맞은 곳에 또 포탄이 떨어진 격이 되고 말았습니다. 교회가 명예, 재물, 권력 등에 취해 헤어 나오지 못하고 있기 때문입니다. 우리는 그것을 스캔들이라고 말합니다.

스캔들(scandal)이라는 말은 그냥 자구대로 번역하면 '추문'이라는 뜻을 갖고 있지만, 이것은 거꾸로 매달아 올리는 '올무', '덫', '함정'이라는 뜻의 헬라어 "σκάνδαλον"(스칸달론, 신약성서에 15번 등장)에서 유래된 말입니다. 고대 그리스 신화에 보면 미의 여신 비너스와 군신(軍神) 아레스의 에피소드가 나옵니다. 어느 날 비너스는 남편 헤파이토스(대장장이 신)의 눈을 피해 아레스와 바람을 피우다가 자신의 남편이 설치해놓은 그물에 걸려들어 발가벗긴 채 사로잡히고 맙니다. 그리고 그들은 허공에 매달려 모든 신들의 웃음거리가 됩니다. 이 신화에서처럼 '걸려들게 하다', '넘어지게 하다'라는 뜻의 동사 "σκανδαλίζω"(신약성서에 29번 등장)에서 유래된 것이 바로 스캔들입니다.

사도 바울과 복음서 저자들은 이 개념을 변증적, 수사적으로 사용하여 예수의 십자가와 부활 사건을 증거했습니다. 고대 그리스인들의 이성적, 혹은 신앙적 전통에서는 십자가에 못 박히신 그리스도는 도저히 이해할 수 없는 '걸림돌'(스칸달론)일 수밖에 없습니다. 왜냐하면 그리스인들의 철학적 사고 즉 로고스적 사유에서는 그것을 매우 '어리석다'(moria)고 생각했기 때문입니다. 반면에 유대인들에게는 나무에 달려 돌아가신 그리스도(메시아)는 약하고 비천하기 이를 데 없는 모멸적인 것일 뿐, 신적인 힘의 표징으로 받아들이기 어려웠습니다. 그렇기 때문에 그들에게도 역시 추문이요, 걸림돌

즉 '스칸달론'이었습니다.

'스칸달론'의 고대 의미는 인간이 육체적 욕구를 채우기 위해 신성을 더럽힌다는 의미를 내포하고 있습니다. 그래서 걸림돌이 죄를 짓게 하거나 신앙을 방해하는 일이라는 의미로 해석된 것입니다. 이것을 성서에서는 달리 "실족하게 하다"(마 5:29; 눅 17:2; 요 16:1) 혹은 "죄를 짓게 하다"는 뜻으로 번역을 하기도 합니다. 보다 더 정확한 뜻풀이는 사람이 걸어가는 보행길에 걸림돌을 두어 그 사람이 발에 채여 넘어지게 하는 일입니다.

1세기 유대인들이나 그리스인들에게 있어서 예수의 사건은 자신들의 전통과 이성으로는 그야말로 이해하기 어려운 스캔들이었습니다. 그러나 그들이 이해하기 어렵다고 하는 이 사건이 2천년의 세계 역사에서 인류의 가치, 윤리, 철학, 예술, 정치, 제도 등에 막대한 영향을 미치지 않았습니까? 그런데 이제 괄목한 만한 부흥을 이룬 한국교회 자신이 세상의 걸림돌이 되고 있습니다. 세계에서 가장 큰 교회를 이루었다고 하는 목회자도 지금까지의 숱한 역경 속에서 예수의 스캔들이 오히려 하나님의 능력이라는 사실을 보여주었음에도 불구하고, 자신의 가족으로 인해서 스캔들이 되고 있습니다.

이 아이러니를 어떻게 극복해야 합니까? 어느새 한국 사회는 교회가, 아니 종교가 자신들의 삶에 걸림돌이 된다고 생각하고 있습니다. 처음에는 작은 돌이 발에 채이면 그것을 보지 못한 나의 실수이겠거니 하겠지만, 한 번, 두 번 지속적으로 채이기 시작하면 짜증과 화가 날 것이고 급기야 그 자그마한 돌조차도 뽑아버리려 할 것입니다. 너무 깊이 박혀 있는 돌이다 싶으면 외면하고 돌아갈 것입니다.

그리스도인들은 더 이상 자신 안에 있는 신성을 더럽히면서 스스로 덫을 만들지 말아야 합니다. 굳이 물질이나 명예, 권력을 추구한다고 해서 속될 것이 무엇이 있겠는가라고 반문할 수도 있겠지만, 유사 이래로 그러한 것들이 그리스도인들을 비롯하여 얼마나 많은 사람들의 발목을 잡았는가를 생각해 봐야 합니다.

교회는 이제부터라도 그리스도교의 신앙이란 약함에서 피어나는 강함과 확신이라는 역설을 말해주어야 합니다. 그 뿐만 아니라, 그리스도의 십자가 사건이 비참과 어리석음이 아니라 완성과 성취라는 사실을 몸소 보여주어야 합니다. 정녕 교회가 그러지는 못할망정 스스로 '추문'(스칸달론)이 되어서는 안 될 것입니다.

chapter 03

배추가 죽으면 가정도 죽는다

헬라어, 세상을 말하다

"οἶκος"(오이코스)

한국 사람들의 밥상에 끼니마다 올라와야만 하는 한 단골메뉴가 있습니다. 다름 아닌 김치입니다. 김치는 배추를 절인 후 다양한 양념을 버무리는 과정을 통해 우리 입에 들어오는 그야말로 전천후 먹거리입니다. 그런데 이 배추에 비상이 걸렸습니다. 많은 장맛비로 발생한 습한 기후 탓에 배추농사가 엉망이 되어버린 것입니다. 그렇다면 왜 한반도의 기후뿐만 아니라 지구의 기후는 갈수록 인간을 힘들게 하는 것일까요?

헬라어에는 이 기후문제에 대해 깊이 생각하게 하는 단어가 있습니다. 바로 '가정', '가족', '집'을 뜻하는 '오이코스'(οἶκος)입니다. 이 '오이코스'에서 파생된 현대 영어들이 있는데, '경제'를 의미하는 'economy'[1], '생태학'을 가리키는 'ecology' 등이 그것입니다. 신학적으로는 '구원의 경륜'이라는 말을 사용할 때도 economy라고 합니다. 그러니까 경제도 생태학도 결국 가족이라는 유기적 구조나 가정살림이라는 생명성을 기본으로 한다는 말입니다. 더 나아가 환경이라는 것도 결국 가정살림이라는 근본적인 정신을 토대로 하여 이 지구생태계를 돌보아야 한다는 말이 아니겠습니까?

인간이라는 존재는 사회의 기초 공동체인 가정을 소중히 여기고, 행복한 가정생활을 영위하기 위해서 생명적인 조건, 물질적인 조건, 정신적인 조건 등을 잘 조화시키고자 합니다. 마찬가지로 지구라는 생명체도 크게 보면 인간의 가정이나 삶의 패턴과 크게 다르지 않습니다. 지구도 인간 생명체가 거주하는 가정, 우주라는 거대한 생명에 속해 있는 한 가정이라는 점을 감안한다면, 지구의 기후 즉 지구의 온도나 습도 등을 민감한 눈으로 바라봐야 할 것입니다.

배추 값이 급등함으로써 당장 먹거리 전반에 걸친 조화나 우리의 미각에 대한 즐거움에 문제가 생기고, 더 나아가서 우리의 생명 감정까지도 유쾌하지 않은 실정입니다. 그에 대한 가장 근본적인 원인은 인간 스스로가 자신의 가정과도 같은 자연이라는 생태계의 질서를 어지럽혀 자연을 착취하고 수단화하면서 대량생산과 과소비라는 메커니즘을 형성했기 때문입니다. 이른바 지구 가정에 과부화가 걸린 것입니다. 지금은 배추 문제 하나만 가지고도 이렇게 야단법석이지만 언젠가는 물, 공기, 흙 등의 환경오염이 심각해져 인간 자신이 더 이상 살 수 없는 지옥 같은 상황이 전개될지도 모릅니다.

오이코스와 동족어인 '오이케시스'(οἴκησις)는 죽은 자가 거처하는 '처소' 혹은 '무덤'이나 '죽음'이라는 뜻과도 연관되어 있습니다. '오이코스'를 소홀하게 여긴다면 언젠가 '오이케시스'가 찾아올지 누가 알겠습니까? 바로 여기에 헬라인의 지혜가 있는 듯합니다. 가정과도 같은 지구생명공동체를 잘 관리하여 사랑을 나누며, 먹고 사는 모든 생계 문제들을 해결하는 데 노력하지 않는다면 인간은 곧 죽음을 면하기 어려울 것입니다.

이 우주는 하나님께서 인간만을 위해서 창조해 놓으신 피조세계가 아닙니다. 하나님은 인간과 자연 모두를 창조하시면서 "보시기에 좋았더라"라고 말씀하셨습니다. 그분의 정신과 마음이 담겨 있는 이 지구를 잘 관리하고 보전하는 환경 청지기의 임무를 잘 수행하지 못한다면, 다시 말해서 지구의 생명살림을 잘 하지 못한다면 생명공동체인 지구 가족 전체는 더 이상 버틸 수가 없을 것입니다.

이러한 슬픈 현실에는 아랑곳하지 않고 지난해 가을 단풍은 유난히 아름답게 물들었다고 합니다. 많은 사람들이 그 단풍을 보기 위해 이 산 저 산을 오르락내리락하면서 단풍놀이를 만끽했습니다. 그런데 우리가 흔히 보는 안토시아닌 색소의 붉은 단풍잎은 일교차가 심할수록 좋다고 합니다. 강수량과 일조량과도 영향이 있다고 하니 그 충분한 수분으로 아름답게 물들었나 봅니다. 한쪽에서는 지구온난화로 인해서 배추 값이 오르락내리락하는데, 또 한쪽에서는 단풍이 아름답게 물들었다며 이 산 저 산 명산을 찾아 오르락내리락하니 세상 참 요지경이 아닐 수가 없습니다.

배추가 품귀여서 김장하기도 어렵고 음식점에서 김치를 더 달라고 청하기도 민망하기 짝이 없는 때에 단풍놀이를 자제해달라는 말이 아닙니다. 더군다나 배추파동을 예측하여 산지를 미리 사들였다가 적당한 시기에 판매하여 차익을 챙기려는 대형마트의 전략적 행위도 나무랄 힘도 없습니다. 다만 우리가 처한 기후의 변화가 심각한 지경에 이르렀다는 것을 깊이 인식하고 환골탈태(換骨奪胎)의 자세를 가져야만 합니다. 이제라도 우리는 하나님께서 창조하신 지구 가족 공동체의 일원으로서 가장(家長)이신 그분의 뜻을 올바로 깨달아야 할 것입니다. 그뿐만 아니라 목회자는 성도들로 하여금 자연을 사랑하는 그리스도인이 되도록 지구 '가족'(오이코스)을 위한 환경교육에 하루빨리 관심을 가져야 할 것입니다.

chapter 04

독사는 독별(獨別)하다

헬라어, 세상을 말하다

"δόξα"(독사)

"하나님께 영광(榮光, doxa)을 돌립니다!" 아마도 이 말은 그리스도인들이 믿음생활을 하면서 가장 많이 말하거나 가장 많이 듣는 신앙용어 가운데 하나가 아닐까 싶습니다. 그러나 현실은 정말 그럴까요?

영광이란 영예나 명예의 빛을 뜻하는 말입니다. 만사(萬事)가 형통하고 잘 되는 일의 형국을 나 자신에게 돌리지 않고 다른 존재, 곧 하나님에게 돌린다는 것이 그리스도인의 고백입니다. 우리는 겉으로는 올바르게 보이지만 실상은 그렇지 않은 것, 즉 나의 억견(臆見, doxa)을 포기할 때 하나님께 진정한 영광을, 명예를, 아름다움을 드리게 되는 것입니다. 다시 말해서 자기 소유, 자기 신념, 자기 능력, 자기 생각을 내려놓아야만 가능한 일입니다. 고백은 모든 영광을 하나님께 드린다고 하면서도 말에 그치고 신앙 행동은 여전히 그 영광의 몫을 자신의 것으로 삼는다면 그것은 하나님을 기만하는 것입니다. 그렇게 되면 결국 doxa는 인간의 거짓된 억견(짐작), 억측으로 그치고 맙니다. 이는 그 어원을 살펴보면 보다 명확해집니다.

"영광"으로 번역되는 헬라어 "δόξα"(독사, 신약성서에 166번 등장)는 히브리어 '카보드'(kabod)를 번역한 것인데, 이 말은 '무거움', '무게'라는 뜻에서 유래하였습니다. 옛날에는 대개 무거운 쇠붙이가 가치가 있었기 때문입니다. 고대 그리스에서 "δόξα"는 크게 두 가지 의미를 품고 있었습니다. 고대철학에서 '독사'는 참된 인식을 일컫는 에피스테메(episteme)와 반대되는 개념으로서 의견(意見), 사견(私見), 속견(俗見), 억견(臆見)을 뜻하는 용어였습니다. '독사'의 일차적인 의미는 '겉모습을 지니다', '…인 것처럼 보이다'는 뜻을 가진 동사 'dokeo'에서 파생된 명사로서, '…인 것처럼 보이거나 믿어지는 것'을 가리킵니다. 즉 진리, 옳은 것, 아름다운 것으로 보이나 실제로는 그렇지 않은 것을 의미하는 것입니다. 그런데 이러한 함의를 지닌 '독사'가 후대 신약시대에서는 좋은 '명망'이나 '평판', '명예'나 '영광'이라는 의미로 발전하게 되어, 특히 요세푸스와 필로의 작품들에서 그 개념이 명예, 영광, 광채, 신적 광휘로 사용되었던 것을 볼 수 있습니다.

한자어가 잘 표현하듯이, '독사'는 빛[光]이 꽃처럼 아름답게 나타나는 것[榮]입니다. 그렇기 때문에 우리는 나의 감각적 지식에 의존하여 나타난 겉모습만을 보고 사건들을 짐작하게 됩니다. 인간은 모든 일을 자신의 소유로 만들려는 경향이 있기 때문에 자칫 억견이나 사견, 혹은 억측으로 이어질 수 있지만, 사도 바울은 이를 간파하고 한 걸음 더 나아갑니다. 모든 사건, 행위, 일의 결과는 인간의 것으로 보이지만, 가만히 생각해 보면 하나님의 것이요, 하나님께서 하신 일이니 하나님께서 친히 영광을 받으셔야 한다는 것입니다. 여기에 사도 바울의 놀라운 혜안이 있는 것입니다. 우리를 위해서 역사하신 일은 결국 하나님 자신의 영광을 위해서 하신 일이라는 점, 이것을 기억해야 합니다. 그렇지만 우리는 신앙생활을 하면서 하나님의 doxa를 나의 것으로 삼았던 것입니다. 아니 더 나아가 우리 자신이 바로 doxa가 되었던 것입니다. 하나님의 영광을 오히려 나의 몸에 가득 채웠던 우리 인생은, 그것이 참된 영광인 줄 알고 살았지만 실상 그것은 우리를 파멸로 몰고 가는 거짓 '독사'였던 것입니다.

교회력으로 오순절(pentekostes)은 칠칠절(출 34:22; 신 16:10), 맥추절(출 23:6), 처음 익은 열매를 드리는 날(민 28:26)로 불리는 날이자, 유월절 중 누룩 없는 떡을 먹는 둘째 날부터 기산하여 50일이 되는 날에 보리와 밀을 수확하도록 해주신 하나님께 감사를 드리는 축제였습니다. 유대인에게 이 날은 모세가 시내산에서 율법을 받은 날이며, 그리스도인들에게는 오순절날 성령이 강림하여 교회가 탄생한 날을 기념하는 성령강림절이기도 합니다. 한국교회는 전통적으로 성령의 은사를 중요시하여 오순절의 뜨거운 성령 체험을 강조해 왔습니다. 우리 신앙인들은 언제나 하나님의 성령을 듬뿍 받아 하나님의 영광보다는 나 자신의 영광을 누렸던 과거, 하나님보다 내가 더 높아졌던 신앙, 나의 이름이 나의 섬김이 나의 신앙 경력이 더 빛을 발했던 세속적 '독사'를 버려야 할 것입니다. 그래서 '독사'가 내 것인 양 가상(假象)하지 말고, 철저히 그분께 올려드리는 성숙된 삶을 영위하기를 바랍니다.

 헬라어, 세상을 말하다

chapter 05

하나님의 말씀은 고아(高雅)하니

헬라어, 세상을 말하다

"λόγος"(로고스)

세계 곳곳에서 말은 많으나 그 말의 빛깔이 대부분 부유스름합니다. 도대체 무슨 말을 하는지 소통의 맥을 잡기 어려운 게 한두 가지가 아닙니다. 말의 전통과 그 의미를 무시하는 것은 고사하고, 사회는 자극적인 언어들로 넘쳐나며 사람들은 그것을 통해서 희열을 느끼는 천격스러움을 더합니다. 더군다나 교회에서조차도 하나님의 언어나 말씀을 그악스럽게 대하는 것을 어떻게 설명할 수 있을까요?

말(언어)은 말하는 사람의 인격과 정신을 드러내는 수단이자 소통의 창구 역할을 합니다. 그래서 일찍이 독일의 실존주의 철학자

하이데거(Martin Heidegger, 1889~1976)는 "언어는 존재의 집"이라는 명제를 통해 인간의 존재 의미를 설명했습니다. 말에는 존재의 본질이 담겨 있어 그 사람의 사상은 물론이고 인격, 심지어는 교육의 정도도 들여다볼 수가 있습니다. 말에 의해 우리는 대상을 지각, 인식, 설명할 수 있으며, 그에 따라 세상을 객관적으로 분석, 판단, 해석하여 올바른 이성적인 삶을 누리게 됩니다. 그만큼 말의 선택과 사용은 중요한 것입니다. 마찬가지로 그리스도인에게 있어서 말이란 하나님으로부터 들어야 하고, 그 들은 것을 말해야 하며, 말함으로써 서로 나누어야 하는 진리의 담지체라고 말할 수 있습니다. 그런 말(씀)이 힘을 잃고 있는 망가진 우리를 향해, 요한복음은 "태초에 말씀이 계시니라"라고 말합니다. 울려 퍼지는 이 말소리에 절망이 희망으로 바뀌는 고아함이 넘칩니다.

신약성서에서 '말(씀)'을 가리키는 헬라어 용어는 크게 '로고스'(λόγος, 신약에 330번 등장)와 '레마'(ῥήμα, 신약에 68번 등장)로 나눌 수 있습니다. '로고스'는 파토스(pathos)와 대립되는 개념으로 '모으다', '셈하다', '말하다'라는 뜻의 레고(lego)라는 동사에서 온 말로서 인간 내적인 것의 표출, 즉 정신, 이성, 의지, 뜻을 나타내는 말입니다. 반면에 '레마'는 로고스와 같이 영어 성경에서 word로 번역하고 있지만, 기록된 말씀이 아니라 발화된 말씀(utterance) 즉 구어적 특성(口

語的 特性)이 강합니다.

고대사회에서 로고스는 헬라 문화권의 세례를 듬뿍 받은 낱말로서 그리스-로마 철학에서는 낯익은 개념이었습니다. 헤라클레이토스(Heraclitus)에 의하면, 로고스는 우주를 만드는 항구적, 항존적 원리이자 신입니다. 그리스 철학자들은 로고스를 우주 속에 스며들어 있는 우주의 지탱 원리라고 생각했습니다. 또한 스토아학파는 로고스를 모든 사물에 침투되어 있는 세계의 혼인 신, 자연의 법칙, 우주의 합리적인 원리, 세계의 내재적 이성으로 표현했습니다.

우리말 구약성서에서 말씀으로 번역된 히브리어 '다바르'(dābār)는 말씀, 말, 언어를 뜻하면서 동시에 사물, 사건, 행동의 의미를 담고 있어 그 자체가 말과 역동적인 힘을 동시에 가지고 있습니다. 이 '다바르'가 맥락에 따라 헬라어 성경에서 로고스와 레마로 번역이 된 것입니다.[2] 하지만 굳이 이 둘의 차이와 용례를 가르자면, 로고스는 논리적, 객관적, 물리적인 개념으로서 살로 새겨진 말씀 혹은 성서의 말씀을, 레마는 로고스보다 즉흥적이며 현상적, 사건적, 주관적, 체험적 개념으로서 개인의 삶에서 직접 말씀하시는 말을 가리킵니다. 즉 절대적인 성서의 말씀(로고스)이 내게 하나님의 음성으로 생생하게 말을 걸어오는 사건(레마)은 둘이면서 동시에 하나라고 말할 수 있습니다.

교회 공동체나 생활 속에서 생급스러운 말을 너무 자주 뱉는 것은 그리스도인의 인격을 손상시킵니다. 그러므로 하나님의 말씀을 잘 듣는 것만큼 논리적이고 합리적으로 말하는 것도 중요합니다. 그러나 선후가 바뀌어서는 안 됩니다. 그리스도인에게 있어서 하나님의 말씀을 잘 듣는 사람이 또한 올바른 말을 사용할 수 있는 법입니다. 로고스가 먼저냐 아니면 레마가 먼저냐, 혹은 로고스가 객관적이냐 레마가 주관적이냐 논쟁하기 이전에 때에 따라 우리에게 적절한 말씀을 주시는 하나님의 음성에 먼저 귀를 기울여야 할 것입니다.

우리나라 옛 설날에는 꼭두새벽 밖으로 나가 가장 처음 들리는 소리로 그해 일 년 신수를 알아보는 풍습이 있었습니다. 사람들은 그때 까치 소리를 들으면 그해 풍년이 들고 행운이 깃들 것이며, 참새 소리나 까마귀 소리를 들으면 흉년이 들거나 불행이 찾아올 것이라고 믿었습니다. 이를 가리켜 '청잠'이라고 했습니다. 언제나 우리 그리스도인들은 저마다 하나님께서 우리에게 직접 들려주시는 말씀이 무엇인지 진중한 귀를 기울여야 할 것이며, 아울러 영원히 변치 않는 하나님의 말씀인 성서를 가느스름하게라도 쳐다보면서 나에게 일러주시는 남은 인생의 녹록치 않는 삶의 지표들을 재곱씹어 설계해야 할 것입니다.

 헬라어,
세상을 말하다

믿음의 선조들이 그리운 때

헬라어, 세상을 말하다

"ὁμοούσιος" (호모우시오스)

작은 글자 하나 때문에 개인이나 시대의 운명이 뒤바뀐 사건들이 종종 있습니다. 최근 영국에서 잘못 보내진 문자의 철자 하나 차이로 큰 오해가 발생해 이웃을 살해한 사건이 발생했습니다. 친구에게 mutter(웅얼거리다)라는 문자를 보내려다 실수로 nutter(얼간이, 미치광이)로 찍혀져 분노한 상대방이 그 사람을 살해했던 것입니다.

이처럼 말이란 '아' 다르고 '어' 다르기 마련인데, '나로부터의 변화'와 '너로부터의 변화'는 비록 글자 획 하나의 차이지만 그것이 만들어 내는 결과는 '전부'와 '전무'의 차이만큼이나 큰 것입니다. 마태복음 5장 18절에 보면 예수님께서도 "천지가 없어지기 전에는 율법의 일점 일획도 결코 없어지지 아니하고 다 이루리라"라고 선포하셨습니다. 이 구절에서 '일점'이라 번역된 단어의 원어는 사실 헬라어 알파벳(24개) 중 가장 작은 철자인 '이오타(ι)'입니다. 기독교역사에서 가장 중요한 신학논쟁의 분수령을 이루었던 삼위일체교리 역시 이 '이오타(ι)' 철자 하나와 얽혀 일어난 사건이었습니다.

기원후 325년 5월에 소집되어 2개월여에 걸쳐 열린 교회의 공적회의가 하나 있었습니다. 바로 그 유명한 '니케아 공의회'(Councils of Nicaea)입니다.[3] 동서방에서 총 318명의 주교들이 참석한 회의의 안건은 당시 리비아 출신으로 알렉산드리아 지역의 바우칼리스교회에서 목회를 하던 아리우스(Arius, 250~336)에 대한 이단적 견해에 관한 것이었습니다. 안디옥에서 철학과 신학을 공부하였고, 게다가 탁월한 수사학적 능력을 갖춘 설교가로 유명했던 아리우스는 그가 이끄는 세력이 얼마나 컸던지, 콘스탄티누스 황제는 회의가 열리고 있는 니케아를 직접 방문하여 화합의 중요성에 관해 연설을 했습니다. 그는 자신이 이룩한 제국의 평화와 번영을 위해 교회가 화합하기를 바랐습니다. 하지만 아리우스파가 로마 제국 전역의 그리스도교 곳곳에 스며들어 있었고, 황제는 그들이 제국의 안정을 위협하지 않을까 노심초사했던 것입니다.

　그렇다면 왜 아리우스파에 이단적 혐의가 있다고 보았을까요? 니케아공의회에서 최대 쟁점이 되었던 사항은 '성부와 성자의 본질이 같은가 아니면 다른가?' 즉 예수 그리스도와 하나님과의 관계성의 문제였습니다. 이 삼위일체 논쟁에서 아리우스는 예수 그리스도에게 하나님과 동등한 지위를 부여하는 것에 반대하여, 예수는 신적인 존재가 아닌 '신의 피조물 중 최고이자 으뜸인 존재'라고 보았습니다. 그래서 그는 하나님과 예수님, 즉 성부와 성자는 '유사하다'는 유사본질(호모이우시오스 ὁμοιούσιος)론을 주장하여 많은 추종자들을 얻어 대세를 이루었습니다.

　이 이단적 사상에 맞선 이는 다름 아닌 30세의 가장 어린 나이로 공의회에 참석한 알렉산드리아 감독의 비서, 아타나시우스(Athanasius, 295~373)였습니다. 그는 성부와 성자는 본질에 있어 완전히 '동일하다'는 동일본질(호모우시오스 ὁμοούσιος)론을 강력히 주장했습니다. 전자가 '유사한', '비슷한'이라는 뜻의 헬라어 ὅμοι(homoi)와 '본질'을 뜻하는 οὐσία(ousia)가 결합된 합성어인 반면에, 후자는 '하나'를 뜻하는 ὅμο(homo)와 '본질'을 뜻하는 οὐσία(ousia)가 결합한 것입니다. 가만히 들여다보면 두 개념 사이에는 단 하나의 그리스어 문자 '이오타'(ι)가 첨가되었느냐 안 되었느냐의 차이만이 있을 뿐인데, 엄청난 의미 변화를 초래하였습니다.

결국 진리 수호에 목숨을 건 아타나시우스의 맹활약으로 니케아 공의회 참석자 중 단지 20여 명만이 아리우스의 신학적 입장에 동조했을 뿐, 호모이우시오스(유사본질)이냐 호모우시오스(동일본질)이냐의 기나긴 논쟁은 아타나시우스의 승리로 끝이 났습니다. 그 결과 아리우스파는 교회사상 최초의 이단으로 정죄를 받았습니다. 공의회는 "동질적이고 하나의 실체로 된 아버지와 아들"이라는 개념을 받아들이고 '니케아신경'을 만들었습니다. 그 전문을 살펴보면 다음과 같습니다.

"우리는 믿나이다. 한분이신 전능자 하나님 아버지, 하늘과 땅과 유형무형한 만물의 창조주를 믿나이다. 또한 오직 한 분이신 주 예수 그리스도를 믿나니, 모든 세대에 앞서 성부로부터 나신 하나님의 독생자이시며, 빛에서 나신 빛이시요, 참 하나님에게서 나신 참 하나님으로서 창조되지 않고 나시어, 성부와 '동일본질'(homoousios)이시며, 만물이 다 이 분으로 말미암아 창조되었고, 우리 인간을 위하여, 우리의 구원을 위하여, 하늘에서 내려오시어 성령으로 동정녀 마리아에게 혈육을 취하시고 사람이 되셨으며, 본디오 빌라도 치하에서 우리를 위하여 고난을 받으시고, 십자가에 못박히시고 묻히셨으며, 성서 말씀대로 사흘 만에 부활하시

몇 년 후 니케아의 영웅 아타나시우스는 젊은 나이에 알렉산드리아 교회의 감독이 되었지만 그의 생애는 끝없는 정치적 모함과 반복되는 추방과 도피, 은거와 유배로 20년 가까운 세월을 유리걸식하면서도, 이단을 배척하고 예수 진리를 수호하기 위해 니케아신경을 가슴에 품고 마지막 순간까지 불굴의 투쟁을 쉬지 않았습니다. 마침내 그는 기독교역사에서 '정통신앙의 아버지'라는 족적을 남기게 되었습니다. 그가 목숨 걸고 지키고자 했던 한 가지 진리는 예수 그리스도는 피조물이 아니라 하나님과 동일한 분이라는 사실이었던 것입니다.

우리가 살고 있는 시대를 포스트모던 사회라고 일컫습니다. 이 사회는 절대적 진리가 사라지고 오히려 진리의 다양성, 다원성, 상대성 등으로 짙게 물들어져 있으며, 이러한 시대적 조류에 편승해서 교회 공동체도 큰 위기와 변화를 맞고 있습니다. 특히 각 교회들 속에 새로운 신흥종교나 이단들이 침투해 그 세력을 확장하는 현실에 대해서 교회는 심각성을 느끼고 대책을 마련하느라 저마다 고심

하는 것을 볼 수 있습니다. 넛보(사람됨이 천하고 더러운 사람)들이 판을 치는 이 혼탁한 시대에 영원히 변치 않는 진리를 지키고자 글자 하나에 자신의 신앙과 생애를 걸고 이단을 타파하며 정통신앙을 수호했던 우리 믿음의 선조들이 새삼 뼈저리게 그리워집니다.

chapter 07

파라클레토스여! 도와주소서

헬라어, 세상을 말하다

"παράκλητος"(파라클레토스)

사회가 불안할수록 범죄가 늘어나다 못해 그 양상 또한 사뭇 달라집니다. 물론 스파이더맨과 같은 절도범이나 폭발물을 설치해서 사회적인 위협을 가하는 것은 어제 오늘의 문제는 아닙니다. 하지만 이러한 현상은 그만큼 경제나 사회가 불안하다는 것을 반영하고 있는 것입니다. 이럴 때일수록 사람들은 자신을 위로해주고 마음의 평안을 가져다 줄 대상을 찾을 것 같습니다. 기이하게도 현재 주식 투자자들이 오히려 500만 명 넘게 급증을 했다는 것을 보니, 사람들이 더 이상 마음을 둘 곳이 없다는 반증이 아닐까 사뭇 걱정도 됩니다.

성서에서는 우리들 옆에서 변호나 위로를 해주는 존재를 '파라클레토스'(παράκλητος)라고 부릅니다. 신약성경에서 단지 요한문헌에만 5번 등장하는(요 14:16, 15:26, 15:26, 16:7; 요일 2:1) 이 독특한 용어는 '누군가를 부르다, 위로하다, 격려하다'라는 동사 파라칼레오(parakaleo, 신약성서에 109번 등장)에서 나온 명사로서 '권면, 위로'라는 뜻의 명사 파라클레시스(paraklesis, 신약성서에 29번 등장)와도 어원을 같이 합니다. 영어성경은 헬라어 "παράκλητος"를 'comforter'(위로자), 'helper'(돕는 자) 'advocate'(대변자)로 번역하였고, 개역성경은 '보혜사'로 공동번역은 '협조자'로 옮겼습니다. 원래 한자 보혜사(保惠師)의 뜻을 풀어보면 '은혜로 보호하시는 스승'이란 뜻입니다.

성서에서 보혜사는 죄를 문책하는 '검사(檢事)'에 대비되는 법적 용어로서 사탄의 공격으로부터 인간의 선함을 보호 및 변호하고 조력해주는 성령의 어떤 인격체를 의미합니다. 다시 말해서 법정에 선 사람을 돕기 위하여 그 사람 옆에 있도록 불림 받아 돕는 변호자를 지칭하는 말입니다. 또한 다른 사람을 돕기 위해 중재하는 사람, 간청하는 사람, 호소하는 사람을 말하는 것인데, 이를 '중보자', '변호자', '협조자', '훈계자' 등으로 이름붙일 수 있습니다. 이것은 신학적으로, 예수의 화신 혹은 제2의 그리스도라고 말합니다.

성령은 바로 우리 곁으로(παρά), 불림 받은 이(κλητος), 즉 우리 곁에 와서 우리를 돕도록 하나님께서 부르신 분입니다. 그래서 성령은 또 다른 의미로 '위로자', '권면자'라고도 말합니다. 요한복음(14:15-21)은 예수의 재림을 보혜사라고 하는 성령의 인격체로 대치함으로써 그 재림의 물리적 성격을 완화시킵니다. 달리 말해서 보혜사는 재림을 학수고대하고 있는 1세기 그리스도인들에게 있어서 이미 와 계신 인격적 하나님 혹은 그리스도의 다른 표현이라는 것입니다. 그래서 신학자들은 보혜사를 제2의 그리스도라고 부르는 것입니다. 그분은 바로 우리 곁에 이미 와 계셔서 우리를 돕고 계신 분입니다. 우리가 눈을 크게 뜨고, 그리스도의 존재를 인식한다면 이 세상에 안 계신 곳이 없다는 사실을 깨닫게 될 것입니다.

보혜사를 또 다른 의미로 예수의 거룩한 기운으로 풀 수 있습니다. 현재 우리 사회는 예수의 성스러운 기운이 절실히 필요합니다. 이러한 때에 교회는 예수가 우리 사회 곳곳에, 혹은 우리 각자의 바로 옆에 함께 있으며 그의 위로와 보호 아래에 살아간다는 확신을 갖도록 해주어야 합니다. 아니 보다 구체적으로 교회는 풍파에 지친 세상의 위로자, 지지자, 그리고 변호자가 되어 주어야 합니다. 그리스도의 살아 계신 현존이 파라클레토스라면, 그 파라클레토스가 항상 우리 곁에 현존하고 있다는 사실을 보여주는 것이 그리스도인의 몫이라는 말입니다.

  성령은 하나님의 선물입니다. 은총으로 주어진 것, 그 성령은 하나님께로 가는 길을 보여줍니다. 예수님은 하나님의 길이기 때문입니다. 하나님은 이 세계에 보혜사를 보내 주셔서 길을 잃어버린 사람들에게 자신이 가야 할 길을 되찾을 수 있도록 돕게 하십니다. 그런 의미에서 보혜사는 협조자, 돕는 자, 훈계자입니다.

  이 세계는 진정한 위로자이자 훈계자를 원합니다. 망나니와 같은 험한 세상이지만 이곳에서 호흡하며 살아가는 사람들에게는 위로와 위안이 필요하며, 동시에 이 세계를 만들어 가고 있는 이들에게는 참다운 훈계자가 있어야 합니다. 그런데 그 위안의 비결은 인간의 지혜나 물질에 있는 것이 아니라 하나님 아버지의 거룩한 은총에서 기원한다는 사실입니다. 그 거룩한 은총을 맛보고 사는 사람만이 신적 생명을 깨달을 수 있는 것입니다.

  이제 우리는 세계를 지탱할 중심을 찾아야 합니다. 그 중심을 가능하게 만드는 능력은 오로지 하나님께서 위로부터 주시는 선물인 '파라클레토스'라는 것을 명심합시다. 우리는 그 파라클레토스를 하나님으로부터 사사(師事)했습니다. 예수님은 이 힘든 세상에 자신의 분신과도 같은 파라클레토스를 주고 가셨습니다. 그렇다면 이 땅에 살아가는 그리스도인은 우리의 스승처럼, 세상을 향해 어떤 위로, 어떤 권면, 어떤 변호를 해야 할까! 바로 여기에 우리 예수 믿는 자들만이 갖는 깊은 고뇌가 있는 것입니다.

chapter 08

부활을 앞당겨 사십시오

헬라어, 세상을 말하다

"ἀνάστασις"(아나스타시스)

만물이 소생(蘇生)하는 봄이 완연합니다. 벚꽃놀이에 전국이 떠들썩하고, 온 세상의 생명체들이 잠에서 깨어나 자신의 본색을 저마다 드러내니 그야말로 주님의 '아나스타시스'(부활)를 노래하기에 이보다 좋은 계절은 없을 듯합니다.

유대인들의 부활사상은 바빌론 포로기 이후의 문헌인 다니엘 12:1-3과 마카비2서 7:1-29에 등장합니다. 그러나 고대 근동지방에만 이러한 부활신앙이 있었던 것은 아닙니다. 부활에 대한 고전적인 진술은 고대 그리스 신화에서도 그 흔적을 엿볼 수 있습니다. 트로이 전쟁에서 트로이의 왕 프리암은 죽은 자신의 아들이며 트로이군의 영웅인 헥토르를 애도하면서 슬픔에 잠기게 되자, 그리스군의 영웅 아킬레우스는 다음과 같이 말을 합니다. "애통해하지 말고 참고 기다리시오. 당신의 아들을 위하여 한탄하는 것은 결코 좋지 못하오. 그를 다시 살리기 전에, 당신이 먼저 죽겠소." 이러한 이야기는 그리스의 극작가들에 의해 전승되면서, 아이스킬로스(Aeschylus)[4]의 〈유메니데스〉(Eumenides)에 나오는 아폴로는 아테네 최고 법정인 아레오바고(Areopagus)에 서서 이렇게 말합니다. "일단 사람이 죽어서 먼지가 그의 피를 빨아들인 후에는 부활(ἀνάστασις)이란 없다."

그리스도교에서는 예수의 죽음과 현현을 통한 부활신앙이 확고하게 자리를 잡고 있었습니다. 교회는 주일 예배를 드리면서 부활하신 예수 그리스도를 찬양합니다. 예수께서 주일에 부활하셨기 때문에 매주 일요일에 모여서 부활의 기쁨을 온 성도들과 함께 나누는 것입니다. 게르트 타이센(G. Theissen)이 말한 것처럼, "예수 부활 신앙은 지상의 예수, 그의 외침, 그의 선포를 지향한다. 그것들은 현재에 계속되며 현재를 위한 것이다."라는 것입니다.

이러한 부활에 대한 전거(典據)는 신약성서 곳곳에서 나타나고 있는데, 고린도전서 15:3-5이 대표적인 근거입니다. 부활을 의미하는 헬라어 동사 ἐγείρω(에게이로, 신약에 144번 등장)는 수동형(일으킴을 받다)과 능동형(일으키다) 두 가지 의미로 쓰이기도 하며, ἀνίστημι(아니스테미, 신약에 108번 등장)도 때에 따라서는 타동사(일으키다; 행 2:24, 32, 3:26, 13:33, 34, 17:31)로 혹은 자동사(일어나다; 살전 4:14; 눅 24:7, 46)로 쓰입니다. 사도 바울은 예수와 함께 부활(아나스타시스)이라는 단어를 너무 흔히 사용하였기 때문에 아테네 사람들은 마치 이집트 신화에서 오시리스(Osiris)의 배우자가 이시스(Isis)인 것처럼, 부활이이라는 신(고유명사)이 예수의 배우자인 것으로 착각을 하였습니다(행 17:18).

그러나 그리스도교의 부활이란 '다시 살아나심'과 '올리어지심'이 동일하다는 것을 알아야 합니다. "ἀνάστασις"(아나스타시스)라는 헬라어 원어의 ἀνά라는 접두어는 '위에서' 혹은 '위에'라는 말을 함축하고 있기 때문에 부활은 현양(顯揚)의 의미를 가지고 있는 것입니다. 다시 말해서 한스 콘첼만(H. Conzelmann)이 주장하는 것처럼, "부활의 의미는 처음부터 예수가 천상의 신분을 얻게 되는 데 있다."는 것입니다.

이렇듯 하나님에 의해서 죽음으로부터 다시 살아나시고, 하늘의 신분을 얻으신 예수 그리스도를 믿는 것은 만물이 생명으로 가득 피어나는 봄과 닮았기에 교회력은 봄에 부활절을 지키고 있는 것입니다. 그렇다 하더라도 부활은 교회절기의 하나로 그치지 말아야 합니다. 부활은 우리 가운데서 매순간 일어나는 새생명의 사건으로 인식해야 합니다. 예수께서는 우리를 위해 생명으로 사셨고, 생명을 주시기 위해서 우리와 함께 살고 계신다는 깨달음이 필요합니다. 생명이 있는 한 우리는 부활의 생명에 동참하는 것이고, 그 생명의 사건을 맛보게 되는 것입니다.

불실본색(不失本色)이라는 말이 있습니다. 말 그대로 자기의 본래 빛깔을 잃지 않는 것입니다. 부활을 지금 여기에서 앞당겨 사는 사람이 바로 그 본색이 빛바래지 않는 그리스도인인 것입니다. 철학자 비트겐슈타인(L. Wittgenstein)은 자신의 저서 『논리철학논고』에서 "신비로운 것은 세상이 어떠하다는 게 아니라 세상이 있다는 것"이라고 했습니다. 이것을 빌려 다시 부활을 노래해 본다면, 우리에게 신비로운 것은 부활이 어떠하다는 게 아니라, 부활이 있다는 것입니다. 그러므로 매일 부활을 삽시다! 그것이야말로 지금 여기에서 예수의 아나스타시스를 맛보며 사는 것입니다.

chapter 09

유세베이아에 힘쓰자

헬라어, 세상을 말하다

"εὐσέβεια"(유세베이아)

"그리스도인은 경건해야 한다." 혹은 "그리스도인은 참 경건하다."라고 말할 때 이 경건이라는 말은 무슨 의미일까요? 지금까지 신앙생활을 하면서 경건이라는 말을 수없이 많이 들어왔습니다. 그런데 다수의 그리스도인은 그 경건이란 성경을 옆에 끼고 모든 공예배에 빠짐없이 참석하고, 교회에 헌신과 봉사를 아끼지 않는 것 정도로 인식하는 것 같습니다. 또는 사회생활을 하면서 나는 그리스도인이니 무엇보다도 술과 담배를 하지 않는 것이 그리스도인의 경건한 삶이라고 생각하는 사람도 있을 것입니다.

경건의 언어적 의미

이러한 경건의 원 개념은 그리스적 사고에 기원합니다. 고대 그리스에서 '경건'(εὐσέβεια, 유세베이아)이란 '선하고 명예로운 시민생활의 이상을 예증해주는 덕목'이었습니다. "εὐσέβεια"는 '좋은'이라는 뜻(εὐ)과 '존경하다'(σέβεια)라는 뜻이 합쳐진 말입니다. 한마디로 말해서 경건이라는 말은 존경을 받을 만한 좋은 행위라고 볼 수 있습니다. 물론 이와 반대되는 행위는 경건치 않은 삶(asebeia)이라 말할 수 있습니다. 이 말은 1세기에 당시 그리스 사회에서 널리 애용되고 있는 '덕'을 의미하였기 때문에 명예로운 비문들 가운데서 '경건'이라는 글귀는 심심치 않게 발견됩니다. 이것은 후에 로마에 대한 충성심을 일컫는 말로 확장되었습니다.

사도 바울은 이 헬라적 생활 덕목을 받아들여 자신의 서신(書信) 이곳저곳에서 '유세베이아'를 언급하고 있으며, 그리스도인들에게도 그러한 삶을 강조하고 있습니다(딤전 2:2, 3:16, 4:7, 8, 6:3, 5, 6, 11; 딤후 3:5; 딛 1:1). 이 외에 베드로후서(1:3, 6, 7, 3:11)에서도 나타나는 것으로 보아 초대교회는 이방계 그리스도인들에게 효과적인 선교를 위해서 이 그리스적 개념을 사용하였던 것입니다. 그렇지만 이 개념은 나중에 세속적인 덕목들을 초월한 것으로서 하나님을 믿는 사람들만이 갖출 수 있는 신앙 덕목으로 정착됩니다.

사도 바울은 이방 세계에서 널리 사용되던 경건이라는 용어를 사용하여 그리스도인의 신앙과 참된 삶에 대해서 권고, 설교, 훈계를 하고 있으며, 그 뿐만 아니라 그리스도의 도덕률, 하나님의 능력 혹은 하나님과의 관계성을 나타내는 개념으로 발전시킵니다. 더 나아가서 그는 경건은 단순히 내면적인 신앙 및 신앙 훈련의 상태만을 의도하는 것이 아니라, 그 모든 것들은 결국 그리스도인의 신앙 실천으로 귀결되어야 한다는 점을 강조합니다.

따라서 우리는 경건이라는 것은 내면과 외면을 모두 중시하는 그리스도인의 신앙 태도라는 것을 알게 됩니다. 교회에서 '경건하다'라는 말을 사용할 때는 신비적, 신앙적 내면만 치중하거나, 혹은 도덕적, 윤리적 외면만 그리스도인처럼 보이는 것을 말하는 것이 아닙니다. 신앙은 내면이 외면으로 드러날 수밖에 없을 텐데, 가식은 금방 들통이 날 수밖에 없습니다. 아무리 친절한 립서비스를 한다고 해도 그것이 내면에서 우러난 것이 아니라면 틀림없이 가짜입니다. 신앙적으로, 사회적으로 존경을 받을 만하지 못하다는 말입니다.

우리 사회가 교회, 더 넓은 의미에서 종교로부터 등을 돌리는 것은 경건의 모양(형식, 그럴 듯한 상식처럼 보이는 가식)은 있지만, 그 능력은 나타나지 않기 때문입니다. 사도 바울이 정확하게 본 것입니다. 그리스도인이라고 말은 하지만 정작 하나님에 대해서 경외하는 마음이 없으니 하나님에 대해서 공경하는 태도도 보이지 않을 것이요, 선과 덕을 쌓으면서 사회로부터 그 모범이 되어야 하나 세속적 덕목들에 비해서 하등 나을 것 없는 것이 큰 문제가 아니겠습니까?

삶으로 드러나야 하는 경건

한 동안 한국교회가 우후죽순처럼 '영성'(spirituality)이란 단어를 유행어처럼 입에 달고 다닌 적이 있었습니다. 그러나 최근 1~2년 사이에 그 영성이라는 말을 이젠 입에서 떼어 버린 것 같습니다. 영성이 한국교회의 성장에 도움이나 대안을 가져올 것이라고 생각하여 너도나도 도입해보려고 했던 것입니다. 그러나 영성은 살아야 하는 것이지, 어떤 프로그램이나 교회 성장을 위한 수단이 아닙니다. 마찬가지로 영성과 거의 동의어로 사용되는 경건이라는 말조차도 그리스도인의 신앙 실천과 삶으로 드러나야 하는 것임을 명심할 필요가 있습니다. 그것은 연습에 연습을 더하여 그리스도의 삶이 내 몸에 꼭 맞도록 하는 것입니다. 그래서 '경건'(εὐσέβεια)에는 피나는 노력뿐만 아니라 하나님의 자비(pieta)도 필요한 법입니다.

마음 둘 곳 없어도 의지할 곳은 있다

헬라어, 세상을 말하다

"*πίστις*"(피스티스)

세계 지구촌 곳곳은 그야말로 아수라장이 따로 없는 것 같습니다. 우리나라만 하더라도 구제역의 흉마가 한 때 이 땅 곳곳을 훑고 지나갔으며, 이제는 날이 따뜻해지면서 동물의 시체를 매장했던 곳에서 흘러나오는 오염수를 걱정해야 할 판입니다. 이집트와 시리아를 비롯하여 중동의 여러 나라들은 민주화 열병을 앓고 있습니다. 아프리카 수단도 남과 북이 나뉜 중간 석유자원으로 갈등을 일으키고 있습니다. 미국 또한 예외는 아닌 것 같습니다. 오바마의 정치적 행보가 순탄하지 않다는 것을 반영이나 하듯 국민은 레이건의 향수에 빠져 있으니 말입니다. 지구촌 어디를 둘러 봐도 쉴 곳도, 마음 둘

곳도 없어 보이니 큰 일이 아닐 수 없습니다.

혼란스러운 시대, 신뢰의 대상을 찾아서

고대 그리스나 로마에서도 이처럼 혼란스러운 시대에 의지하고 신뢰할 수 있는 대상을 찾았다는 흔적이 있습니다. 이른바 '믿음' 즉 '피스티스'(πίστις)입니다. 물론 고대 철학에서 피스트(pist-)로 시작되는 단어는 처음에 종교적인 용어는 아니었습니다. 다만 철학에서는 회의론이나 무신론과의 논쟁에서 신들에 대한 믿음과 그러한 믿음의 독특한 확실성에 대해 언급할 때 사용된 개념이었습니다.

헬라적인 의미에서 '피스티스'라는 말은 순종이나 계약관계를 지칭하는 말이었습니다. 더 나아가서 이 개념은 의지하는, 신뢰할 수 있는, 성실한, 확신, 담보나 맹세의 보증을 의미하는 데까지 확장됩니다. 스토아철학에서는 의뢰, 인격의 신실함 또는 성실함을 뜻하는 말이었고, 이것은 신과 같이 인간도 신실해야 하며, 자기 자신에 대해서도 신실해야 된다는 뜻으로 쓰였습니다.

그렇다고 고대철학에서 이 단어를 신과 전혀 관계가 없는 것으로만 생각하지 않았습니다. 인간은 보이지 않는 믿음의 지식에 의해 이끌려야 한다고 생각했습니다. 왜냐하면 신앙, 혹은 믿음의 주체는 변하는 감각적인 것(아이스테시스: aisthesis, 감성)일 수는 없기 때문입니다. 그리고 그들은 신을 믿는다는 것은 신의 섭리를 믿는 것과 동일시하였습니다. 더군다나 믿음 혹은 신앙이란 신뢰나 신뢰의 가능성, 그리고 신앙을 창조하는 것으로 보았습니다. 흥미로운 것은 믿음이라는 것을 사람들과의 신뢰성 즉 우정(필리아, philia)과 동일한 것으로 여겼다는 것입니다.

고대 그리스 철학의 영향을 받았던 성서의 저자, 그 중에서도 사도 바울은 이 용어를 차용하여 그리스도에 대한 믿음, 순종, 소망, 성실함 등으로 그 의미를 확장시켰습니다. 성서의 저자들이 고대 지중해 세계의 철학적 개념을 종교적으로 사용하여 인간이 그리스도에 대해서 전적으로 신뢰하고, 그리스도와 성실한 관계를 지속하며, 그분만을 의지해야 한다는 개념으로 새롭게 번안했다는 것은 훌륭한 일입니다. 따라서 종교적인 개념이든, 아니면 철학적인 개념이든 믿음이란 '관계'를 나타낸다는 것만은 확실한 것 같습니다. 사람과 사람과의 관계, 하나님과 인간 사이에서 빚어지는 올바른 관계가 바로 믿음이라는 것을 나타내고자 한 것입니다.

하나님과 인간 사이의 올바른 관계

우리는 그리스도를 믿는다고 하면서 단지 보지 않고 믿는다거

 헬라어,
세상을 말하다

나 보이지 않는 신적 존재를 믿음으로 인식하는 것, 혹은 물질적으로 지금은 풍요롭지 못하지만 장차 미래에는 나아질 것이라고 믿는 것 등을 믿음 내지는 믿음의 총체라고 생각을 합니다. 그러나 믿음이란 그리스도와의 관계 즉 그리스도에게 신뢰하는 것, 그리스도에게 의지하는 것, 그리스도에게 소망을 품는 것, 그리스도에게 성실함이라는 것을 다시 한 번 상기할 필요가 있습니다. 더불어 거기에는 어떠한 물질적인 관계, 미래의 보상과 과잉된 축복을 말하지 않는다는 것도 알아야 합니다.

나라마다 초유의 국가적, 국민적 재난을 겪고 있는 이 흉망한 세상과 함께 아파하고 슬퍼하면서 염려하고 있는 분이 계시다면 단연 그리스도이십니다. 그분은 우리뿐만 아니라 전 우주의 구원자이자, 모든 피조물과 사랑의 신뢰, 성실한 우정을 쌓으셨던 분이 아닙니까! 이제 이럴 때일수록 그리스도인이 해야 할 일은 그리스도와의 관계를 회복하고, 우리의 의지와 소망이신 그분에게 간절히 기도하는 태도입니다. 우리는 엉뚱한 곳을 바라보며 괜한 확신과 보장을 얻으려 하지 않는가 돌이켜 봅시다. 그 어느 때보다 오늘날이야말로 절실한 믿음, 즉 '피스티스'(πίστις)가 필요한 때인 것입니다.

chapter 11

하나님, 이웃, 그리고 코이노니아

헬라어, 세상을 말하다

"κοινωνία" (코이노니아)

먼 이국 땅 아프리카 수단에서 선교하다 생애를 마친 이태석 신부의 삶을 영화로 만든 〈울지마 톤즈〉가 한동안 세간을 달구었습니다. 진정한 그리스도인의 삶이 무엇인지 그리고 한편으로는 하나님과의 관계가 어떠해야 하는지, 혹은 하나님의 뜻을 어떻게 실천해야 하는지에 대해서 곱씹게 해주는 것 같습니다. 그는 아침에 눈 떠서 잘 때까지 조건 없이 퍼주는 삶을 살다 간 수단 톤즈의 한센병 마을의 친구이자 성자였습니다. 그야말로 그는 항상 하나님께 친밀한 기도를 드렸을 뿐만 아니라, 톤즈의 한센병 마을 주민들과 친밀한 교제를 나누다 한 인생을 마감했습니다.

신약성경에서 '교제'(fellowship)를 의미하는 헬라어 원어는 '코이노니아'(κοινωνία, 신약에 19번 등장)입니다. 이 용어는 상호 간의 매우 밀접하고 끈끈한 결속을 의미하는 단어로서, '친교'(communion), '사귐'(고후 6:14; 요일 1:3, 6, 7), '교제'(행 2:42; 고전 1:9; 갈 2:9; 빌 1:5, 2:1; 몬 1:6), '참여'(고전 10:16; 고후 8:4; 빌 3:10), '교통'(고후 13:13), '나눔'(히 13:16), '연보'(롬 15:26; 고후 9:13) 등 광범위한 뜻으로 번역되었습니다. 이 단어의 뿌리인 동사 '코이노네오'(koinoneo, 신약에 8번 등장)는 고대 헬라어에서 '무엇을 누구와 함께하다', '참여하다', '공유하다', '몫을 나누다', '공동체를 형성하다'라는 의미로 타인을 돕기 위해 그들의 필요에 도움을 주는 표현이었습니다. 이 동사에서 파생된 또 다른 명사가 '동료', '참여자', '동반자'의 뜻인 '코이노노스'(koinonos, 신약에 10번 등장)입니다.

고대 헬레니즘 사회에서 "κοινωνία"는 일반 상업, 무역 용어로서 어떤 일의 공동 과업에 동료 일꾼이나 동반 관계의 참여자로 맺는 사업 관계를 말하는 것이었습니다. 고대 상인들 세계의 상업행위에서는 서로 동료요 동업자라는 강한 의식을 가지고 함께 한다는 것, 나눈다는 것, 신뢰와 사랑으로 맺어진 밀착관계가 매우 중요하게 생각되었던 것입니다. 이처럼 1세기 당시 헬라 문화권에서 '코이노니아'란 가장 친밀하고 가까운 인간적 결속을 나타내는 의미를 가지고 있었습니다. 특히 상인들이 장사하여 그 이익과 지출을 함께 나누는 등의 경제학적, 경영학적인 개념으로, 원만한 상업행위를 위한 상인들 간의 끈끈한 관계를 나타내는 말이었습니다. 이러한 코이노니아적인 끈끈한 관계가 깨어진다면 상업윤리를 저버린 채 이익을 독점해 혼자 배를 불리는 배신만이 있을 뿐입니다.

하지만 초대교회는 당시 지중해 헬라 세계에서 상업적인 용어로만 통용되던 '코이노니아'라는 말을 차용하여 교회적 용어로 승화시켜 사용했습니다. 초기 그리스도인에게 있어서 이 "κοινωνία"는 먼저 하나님과 인간사이의 친밀한 교제를 의미하는 용어로 사용되었습니다. 그리스도인의 삶에 있어서 하나님과 인간이 얼마나 밀착 관계에 있느냐, 얼마나 친밀한 관계를 맺고 사느냐는 매우 중요한 문제입니다. 하나님은 인간을 자신의 동반자로 삼으셨고 자신의 공동 관심사 즉 인류의 구원을 위해서 항상 함께 할 것을 맹약하셨습니다. 이로 인해 우리는 이 '코이노니아'란 말에서 우리를 향한 하나님의 친밀하신 사랑을 느낄 수 있으며, 그분의 가장 친밀한 동료이자 참여자로서 선택받아 하나님의 구원사역에 동반자로 함께 참여하게 되는 것입니다.

그렇지만 우리만 그리스도의 사랑을 독점하는 것이 아니라 지구촌 모든 사람들에게 그리스도의 사랑을 전파하면서 그들의 필요에 나눔으로 실천해야 하는 것입니다. 따라서 교제라는 것은 단순히 성도들 사이에서 밥숟가락을 헤아리는 관심사를 넘어서 소통을 통해 다른 사람들의 속사정을 보살필 뿐만 아니라, 상호 동반자라는 사실을 인식하고 도움을 주는 실천적 친밀감을 말한다는 것을 상기할 필요가 있습니다.

'코이노니아'는 하나님과 인간이 한 식탁에서 그 희생제물을 함께 나눈다는 의미를 갖습니다. 그래서 인간은 하나님의 식탁에 참여자(동반자)로 초대받았습니다. 다시 말해서 우리는 하나님 아버지와 아들 그리스도, 그리고 성령과 항상 함께 하도록 부름을 받았다는 것입니다. 그리스도인에게 있어서 교제 혹은 사귐이란 한편으로는 하나님의 신적 본성에 참여하는 것이고, 또 한편으로는 그리스도인뿐만 아니라 이웃과의 상호관계에서 그 친밀함을 지속하는 것을 말합니다. 이 둘을 쌍두마차 삼아 성도의 마음을 가다듬어 세상으로 하여금 우리가 '그리스도 안에 있음'을 알게 해야 할 것입니다.

All men are like grass,
and all their glory is like the flowers of the field,
the grass withers and flowerss fall,
but the word of the Lord atands forever.
And this is the word that was preached to you.

PART II
헬라어로 읽는 한국교회와 사회

chapter 12

항상 쇄신해야 할 그 이름이여!

헬라어, 세상을 말하다

"ἐκκλησία"(에클레시아)

1517년 10월 31일, 유럽 그리스도교의 중심지인 독일에서는 시끌 벅적한 사건이 일어났습니다. 이름하여 '종교개혁'(reformation)입니다. 성 아우구스티누스 수도회의 수사이자 사제였던 마르틴 루터(Martin Luther)는 당시 교회의 면죄부(免罪符 indulgence) 판매에 대해 반대하였습니다. 루터는 그 때문에 발생한 교회의 심각한 비신앙적 행위에 대해 비판하면서 결국 95개조에 달하는 항의서를 비텐베르크 대성당에다 붙이기에 이릅니다. 이것이 촉발되어서 저항을 의미하는 '프로테스탄트'(Protestant) 즉 개신교가 탄생한 것입니다.

마르틴 루터가 교회를 쇄신해야겠다고 생각한 까닭은 교회가 교회다워야 한다고 보았기 때문입니다. 신약 전체를 통틀어 114회나 등장하는 ‘교회’라는 말은 헬라어로 ‘에클레시아’(ἐκκλησία)라고 부릅니다.[5] “ἐκκλησία”는 히브리어의 ‘카할’(qahal)과 동일한 개념으로서 ‘모임’, ‘집회’, ‘회중’이라는 뜻을 갖고 있습니다. 그런데 복음서에서는 이례적으로 마태복음에서만 세 차례(마 16:18, 18:17[2회]) 언급됩니다. 잘 아는 바와 같이, 고대 그리스에서 ἐκκλησία는 ‘시민의 집회’를 일컫는 말로 사용되었습니다. 흥미로운 것은 ἐκκλησία는 ἐκ(from, out of) + κλησία(καλέω; to call out)의 합성어로서 ‘불러 모으다’라는 뜻 즉 ‘불러냄을 받은 사람들’의 의미를 함축하고 있습니다. 따라서 교회란 ‘성도 즉 하나님을 위해 구별되어 불러낸 사람들’이라는 뜻입니다. 초기 그리스도인들은 자신들을 율법적인 유대인들의 모임 즉 ‘회당’(συναγωγή, synagogue)과 철저하게 구분을 짓기 위해서 새로운 공동체 개념인 ‘에클레시아’라는 용어를 사용했던 것입니다.

교회는 하나님에 의해 소집된 모임이라는 공동체적 개념을 띠고 있지만, 매우 불완전한 공동체라는 것을 인정할 필요가 있습니다. 그렇기 때문에 마르틴 루터도 교회의 불완전함과 비신앙적인 모습에 항거한 것이 아니겠습니까? 영어 reformation에는 저항 혹은 항거의 의미가 포함되어 있습니다. 다시 말해서 re-form(다시 형성하다), 다시 꼴을 갖추다, 거듭 새로운 형태로 발전하다라는 뜻입니다. '개혁'이라는 말 대신에 '쇄신'(刷新)이라고 하는 이유가 바로 여기에 있습니다.

하나님께서 친히 당신의 백성으로 부르신 공동체는 고여 있는 물이 되어서는 안 됩니다. 날마다 쇄신을 해야만 합니다. 마르틴 루터가 95개조의 항의서를 작성할 때 제일 첫 번째로 생각했던 것이 무엇일까요? 그 항의서의 제1조에는 이렇게 적혀 있습니다. "우리 구주이시며 스승이신 예수 그리스도가 '참회하라'(repent)고 말했을 때, 그리스도는 성도들의 삶 전체가 참회의 삶이기를 원하셨던 것이다." 교회가 날마다 새로운 모습으로 그리스도를 닮아가는 꼴을 갖추기 위해서는 회개하는 교회, 회개하는 성도가 되어야만 합니다. 하나님께서 우리를 부르실 때는 구별되게 부르신 것입니다. 명심할 것은 교회당이 새로워져야 한다거나 교회 건물이 쇄신을 해야 한다는 말이 아닙니다. 부름을 받은 하나님의 백성들이 쇄신되어야 합니다. 즉 낡은 구습들을 버리고 새로운 삶을 살아가는 그리스도인이 되어야 한다는 말입니다.

우리는 종교개혁주일을 어떤 마음으로 맞이해야 할까요? 필자에게는 루터의 95개조 항의서 중에 94조가 눈에 띕니다. "그리스도인들은 징벌, 죽음 그리고 지옥을 무릅쓰고라도 그들의 머리 되신 예수를 충실히 따르도록 훈계되어야 한다.” 한국교회가 중세 유럽의 교회들처럼 면죄부를 판매하는 것은 아니지만, 설령 신앙을 빙자하여 그보다 더한 것을 팔고 있는 줄을 누가 알겠습니까? 개혁과 쇄신이란 해년마다 그날이 돌아오면 남을 비판하고 헐뜯으면서 자신의 정당성을 주장하는 것이 아니라, 바로 예수를 충실히 따르는 교회 공동체가 되고 있는가를 점검하고 참회하는 교회력이 되어야 할 것입니다.

마르틴 루터의 후예라 자부하는 프로테스탄트라면 ‘오직 믿음’(sola fide), ‘오직 성서’(sola scriptura), ‘오직 은총’(sola gratia)이라는 종교개혁의 모토가 한갓 웅변으로 끝나지 않고 우리의 삶으로, 우리의 신앙고백으로 이어져 교회가 쇄신될 수 있는 하나님의 능력이 되어야 마땅합니다. 교회(ἐκκλησία)의 권위는 바로 예수를 닮고자 하는 참된 신앙의 힘에서 나오기 때문입니다.

chapter 13

한국교회여! 진정으로 예배하소서

헬라어, 세상을 말하다

"λειτουργία"(레이투르기아)

"하나님은 영이시니 예배하는 자가 영과 진리로 예배할지니라"(요 4:24). 예배를 인도하는 집례자의 멘트는 예배자가 하나님께 나아가도록 만드는 중요한 성서 구절입니다. 그럼에도 매주일 우리는 이 선언과 함께 예배를 드리면서 교회생활의 매너리즘에 빠지곤 합니다.

고사성어에 "行有不得 反求諸己"(행유부득 반구저기)[6]라는 말이 있습니다. 이를 비추어 한국교회 위기의 까닭을 바깥으로 돌리기보다는 그럴수록 저마다 자기 자신에게서 그 원인을 찾으라는 말로 곱새겨야 할 것입니다. 더욱이 순망치한(脣亡齒寒)이라는 말처럼 그리스도인의 예배와 삶의 밀접한 연관성이 느슨해져 오는 위기라면 그에 대한 관계를 잘 성찰해야 할 것입니다.

한국교회에서 예배를 표현하는 용어는 예배(禮拜)라는 단어 하나뿐입니다. 그 문자적 이해는 '예를 다하여 절한다'는 의미인데, 여기에 신학적 의미를 부여하여 기독교에서 예배는 '최상의 존재이신 하나님께 최고의 존경, 경의, 경배, 찬양, 영광을 드리기 위한 행위 및 그 의식'입니다. 그러나 서구교회에서 예배를 표현하는 용어는 주로 세 가지 단어, 즉 워쉽(worship), 서비스(service), 그리고 리터지(litergy)가 사용됩니다.[7] 그래서 신약성서에서 예배를 의미하는 헬라어 용어도 크게 세 가지로 나눌 수 있습니다.

먼저 "προσκυνέω"(프로스퀴네오, 신약에 60번 등장)는 '존경의 표시로 절하다', '굽어 엎드리다', '입 맞추다'는 뜻으로 지상의 통치자들에게 존경의 표시로 신체를 굽히는 것 또는 순종한다는 의미를 지닌 말입니다. 다음으로는 "λατρεία"(라트레이아, 요 16:2; 롬 9:4, 12:1; 히 9:1, 6)인데, '종이 주인에게 소속되어 자신의 상전만을 섬기며 봉사한다'는 의미입니다. 그 이외에도 예배를 의미하는 또 한 가지 독특한 헬라어 단어 "λειτουργία"(레이투르기아, 눅 1:23; 고후 9:12; 빌 2:17, 30; 히 8:6, 9:21)가 있습니다. 이 용어는 '백성'을 의미하는 헬라어 '레이토스'(leitos)와 '일이나 노동'을 뜻하는 '에르곤'(ergon)의 합성어로 그 문자적 의미는 '백성을 위하여 일한다'입니다. 작은 도시국가인 고대 아테네에서는 모든 일들이 집단적으로 이루어졌습니다. 생산을 위한 노동뿐만 아니라 공동체에서 행하는 절기축제나 종교의식은 모든 구성원의 협력과 참여를 요구하는 공동체의 일이었습니다. 일과 종교 생활의 분화 현상이 없었던 고대 그리스 사회에서 생산 활동이든 종교의식이든 모두 살기 위해 함께해야 할 동일한 '레이투르기아'이었던 것입니다. 다시 말해 일상적으로 매일 일하는 생활과 예배드리는 생활이 서로 별개의 것으로 구별되지 않고 하나로 유기적인 삶의 세계를 형성하고 있었습니다. 이 레이투르기아가 사회나 국가를 위하거나 종교의식에서 신을 위한 것이 되면 '섬김' 또는 '봉사'라는 말로 표현되었습니다. 이 단어에서 예배라고 표현되는 '리터지'(liturgy)가 유래되었습니다.

이러한 의미들을 종합하여 예배를 어원적으로 분석하면 크게 두 가지 기능으로 분류할 수 있습니다. 첫 번째 기능은 헬라어 '프로스퀴네오'와 '라트레이아'의 의미가 나타내듯이 예배란 결국 하나님을 존경하고 경외하여 그 앞에 부복(俯伏)하는 일이요, 그분만을 모셔 섬기며, 오직 그분께 모든 영광을 드리는 것입니다. 여기에는 예배의 대상인 하나님께 대한 경외심과 예배드리는 예배자의 마음가짐이 강조됩니다. 즉 하나님께 예배드리는 그 자체가 매우 강조됩니다. 그러나 예배의 이러한 기능 외에 또 다른 중요한 측면은 헬라어 ‘레이투르기아’의 의미에서 볼 수 있듯이, 예배행위가 예배자에게 미치는 영향에 대한 깊은 관심입니다. 즉 예배를 통해 일어나는 은총을 체험한 예배자들이 삶의 원동력을 얻어 그들의 일상생활 속에서 새로운 모습으로 변화되며, 그 결과 일상의 삶이 거룩한 예배로 바뀌게 되는 것입니다. 여기에는 예배를 드리는 것만으로 그치는 것이 아니라 예배의 은총이 세상의 삶 속으로 퍼져가는 측면이 부각됩니다.

따라서 예배란 소유 주격의 의미인 하나님‘의’ 섬김을 일컫게 되면 하나님은 예배 가운데서 인간에게 은총을 베푸시는 분으로 이해할 수가 있습니다. 반면에 소유 목적격의 의미인 하나님‘을’ 섬김에 초점을 맞춘다면 예배의 일반적 결론에 이르게 됩니다. 이런 의미에서 예배는 하나님의 일(opus Dei)인 동시에 인간의 일(opus humanis)입니다.

오늘날 교회의 상황을 보면, 외부적으로는 점차 종교에 대한 사람들의 무관심이 고조됨과 동시에 비판의 목소리가 높아지고 있습니다. 내부적으로는 교회 성장이 둔화되고 교회생활 혹은 신앙생활 자체에 대한 반성이 일어나고 있습니다. 무엇보다도 이러한 전체적인 분위기가 지속되면 '교회가 과연 희망을 가질 수 있는가?'라는 회의적인 생각을 품을 수 있습니다. 고대 철학에서 희망은 헬라어로 'ἐλπίς'(엘피스)라고 합니다. 정치적 맥락에서 이해할 때는 야망으로 번역되기도 하지만, 신약성서에서 이 말은 소망 혹은 희망으로 번역하고 있습니다. 이 개념에다 '좋은'이라는 뜻의 'eu'(유)를 접두사로 붙이면 'euelpis'(유엘피스), 즉 "낙관하다"라는 말이 됩니다. 하루 빨리 한국교회가 매너리즘에서 벗어나 예배의 레이투르기아 기능을 회복하고 예배와 매일의 삶이 일치하는 온전한 예배 갱신을 이룬다면 그 미래는 분명 낙관적일 것입니다. 그 까닭은 늘 희망이란 그것이 가진 본질을 잃지 않고 그곳에 머물려고 하는 노력에서 볼 수 있기 때문입니다.

chapter 14

디카이오쉬네를 실현하자

헬라어, 세상을 말하다

"δικαιοσύνη"(디카이오쉬네)

도대체 정의란 무엇일까? 하버드대학의 마이클 샌델(M. Sandel)이 철학적 윤리로 이름을 떨치고 있습니다. 그래서 그런지 요즈음 세간에서는 많은 사람들이 그의 책[8]을 손에 들고 다니지만, 정작 정의가 무엇인지 개념이 잘 잡히지 않는 것 같습니다. 더욱이 지적 허영심이나 보상심리 혹은 대리만족이 아니기를 바랄 뿐입니다. 그렇다면 성서에서는 정의를 무엇이라고 말할까요?

신약성서 곳곳에는 '정의' 혹은 '의'(δικαιοσύνη, 디카이오쉬네)가 92번 등장합니다. 그렇다면 성서에 나오는 '의'(정의, righteousness)라는 개념도 고대 그리스 언어나 문화의 영향을 받아서 그 의미가 형성 되었을 것입니다. 먼저 플라톤(Platon)의 『국가』라는 역작을 통해서 그 뜻을 가늠해 보는 게 순서일 것입니다. 플라톤이 정의를 말할 때 는 '잘 사는 것'(훌륭하게 사는 것), '행복하게 사는 방식'과 매우 밀접한 연관이 있습니다. 좀 더 풀어서 말을 한다면, 정의는 인간의 영혼이 올바른 상태에 있음, 영혼이 제 기능을 제대로 수행할 수 있도록 해 주는 '올바른 상태'(올바름)를 의미합니다. 물론 여기에서 올바름이 란 인간적인 훌륭함을 일컫는 것입니다.

고대 그리스에서는 인간은 나라(polis)나 공동체(koinonia)의 구성 원으로서 자신의 기능과 구실을 잘 할 수 있도록 해야만 했습니다. 더 나아가서 플라톤은 정의를 사회 정의와도 연관 지어서 설명을 합니다. 국가 혹은 공동체에서 구성원들의 행복은 자신의 일, 자신 의 기능, 자신의 것을 통해서 자기 자신답도록 해주는 데에 있습니 다. 인간이 저마다 자신의 것을 소유하고 자신의 일을 함으로써 자 신의 성향대로 살아가도록 하는 것이 올바른 것입니다. 그렇지 않 을 때는 올바르지 못한(adike) 것이 되는 것입니다.

또한 올바른 것이란 신체의 건강과 질병과도 관계가 있습니다. 올바름과 올바르지 못함이 제 기능을 제대로 해내는 것과 관련이 있다고 할 때, 그것은 건강한 마음의 상태에 있을 때에야 가능한 것입니다. 따라서 올바름이란 참된 자기, 자신의 일을 하면서 자신을 조절하고 자신을 지배해서 전체적인 조화, 화목을 이루는 것입니다. 그런 성격 상태(습성, hexis)를 유지시켜 주고 도와서 이루게 하는 것이 바로 올바름입니다.

이와 같이 정의란 올바른 것, 훌륭한 것인데, 그렇게 되기 위하여 공동체 안에서 자신이 맡고 있는 일이나 기능 등을 성실하게 이루려고 하는 것이 정의임을 우리는 알 수 있습니다. 그런데 이와 같은 플라톤의 입장에 반기를 든 사람이 있었으니, 그가 바로 고대 그리스 철학자 트라시마코스(Thrasymachos)였습니다.[9] 그는 "올바른 것(정의)은 강자의 편익이다"라고 주장하였습니다. 어쩌면 하나님 나라에서의 정의란 평등한 사회를 말하는 것인지도 모릅니다. 예수께서 "너희는 먼저 그의 나라와 그의 의($\delta\iota\kappa\alpha\iota\sigma\sigma\acute{\nu}\nu\eta$)를 구하라"(마 6:33)고 했을 때, 이 말씀은 그리스도교 공동체 혹은 하나님 나라에서 그리스도인으로서의 올바른 삶, 훌륭한 삶을 추구하라는 것이었습니다. 공동체 속에서 자신에게 맡겨진 일을 성실하게 실천하고 전체와 조화 및 화목을 이루면서 살아가는 이상을 말한 것입니다. 따라서 자칫 그리스도인이 의를 실천하면서 살지 못한다면, 플라톤에 맞서 정의란 강자에게만 있다는 트라시마코스의 반론이 지금이라도 당장 제기될 것입니다.

　따라서 교회는 진정으로 하나님의 정의를 말하고 동시에 실천하고 있는지를 반성해야만 합니다. 교회 공동체뿐만 아니라 세계 전체와의 관계성 속에서 교회의 역할, 즉 교회가 교회로서의 제몫을 감당하고 약자의 몫을 대변해 줄 때 사회 정의와 세계 정의의 실현에 기여할 수 있을 것입니다. 그리스인들은 자연과 사회도 그의 존속과 존립을 위해서 그것을 스스로 지킬 수밖에 없는 기본틀, 즉 정의(의)가 필요하다고 생각하였습니다. 물론 그것이 아니라도 인간이란 존재는 인간의 한계로서 가지고 있는 생존을 위한 기본틀의 굴레와 고삐에서 완전히 벗어나기가 어렵습니다. 그렇기 때문에 예수께서는 너희는 '먼저' 그의 나라와 '디카이오쉬네'를 구하라, 그리하면 생존의 문제는 하나님께서 곁들여 책임을 져주실 것이라고 말씀을 하셨던 것은 아닐까요? 하나님 나라의 질서, 그리스도교 공동체의 존립, 그리고 사회적 삶의 질서를 유지하는 것 즉 관계적 정의가 가장 급선무라는 것입니다. 정의의 최상의 상태인 사랑을 실천하라는 것이었습니다. 그것이 하나님의 뜻이요, 초대 그리스도교 공동체의 최고의 윤리적 덕목이 아니었을까요. 그런 의미에서 예수께서는 마이클 샌델보다 이미 2천 년 전에 사람 사는 세상에서 가장 어렵고 힘든 '정의'(디카이오쉬네)를 고민하신 분입니다.

chapter 15

스타우로스! 스타우로스!

헬라어, 세상을 말하다

"σταυρός"(스타우로스)

하나님의 교회는 항상 '자기 비움'이라는 그리스도인의 삶의 모습이 '십자가'(σταυρός, 스타우로스)에 비춰져야만 희망이 있습니다. 그러나 교회는 이러한 자기반성의 모습을 점점 상실한 채 기득권을 누리는 자들의 행태만을 닮아 가고 있는 것 같습니다.

　유대인에게 있어서 십자가형은 일반적인 사형제도는 아니었습니다. 초기유대교 '미쉬나'의 법규 해석에 따르면, 원래 유대 사회의 처형법은 돌로 쳐 죽이기, 태워 죽이기, 목을 베어 죽이기, 목을 매달아 죽이기 등이었습니다. 역사상 십자가형의 최초 발명은 고대 페르시아인으로 알려져 있습니다. 고대 문헌에 보면 예수 시대보다 5백년 앞서 페르시아 황제 다리우스가 3천 명이나 되는 정치범을 십자가에 처형했다는 기록이 나옵니다. 이 십자가 형벌을 받아들인 로마인들은 팍스 로마나(Pax Romana, 로마의 평화)에 대항하는 식민지 국가의 정치범이나 반란군들, 강도나 노예 같은 최하층 계급의 중죄인을 공개 처형하는 사형제도로 사용한 반면, 로마 시민권을 가진 죄인의 경우에는 참혹한 십자가형 대신에 가장 빨리 숨을 거두게 하는 참수형을 집행하였습니다.

우리가 잘 아는 멜 깁슨 감독의 〈패션 오브 크라이스트〉라는 영화에서는 예수님의 죽음을 선정적으로 묘사하고 있음에도 불구하고, 우리는 그 십자가 처형 장면이 1세기 당시의 모습을 사실적으로 재현했다고 생각할 것입니다. 그러나 영화 장면들과는 달리 헬라어 단어 "σταυρός"(스타우로스, 신약성서에 27번 등장)가 '곧은 말뚝' 혹은 '기둥'을 의미[10]하였던 것처럼 처형장에는 이미 기둥[縱木]이 세워져 있었고, 죄인은 가로목[橫木]을 직접 짊어지고 가야만 했습니다. 고고학적 증거에 의하면, 손목은 십자가 들보에 밧줄로 매거나 못을 박았으며, 두 다리는 세로대의 좌우에 붙여진 채 양 발꿈치 뼈에 각각 11.5cm 길이의 못을 박았습니다. 또한, 십자가형은 수치와 모욕의 상징이었습니다. 죄인은 옷이 벗겨진 채 온갖 모욕을 당한 후 십자가에 매달렸습니다. 특히 유대인들에게는 그 자신에게나 가족에게도 견디기 힘든 모욕으로 여겨졌습니다. 그러나 이 영화는 예수님의 육체적 '고통'만을 표현했을 뿐, 거기에 수반되는 정신적 '수치'는 등한시했다는 비판을 받았습니다.

복음서에 보면 죄인의 머리 위에는 이름과 죄목을 적은 티툴루스(titulus)를 붙이거나 목에 걸었다는 것을 알 수 있습니다. 예수의 티툴루스에는 '유대인의 왕, 나사렛 예수'라고 적혀 있었습니다. 이것은 우리가 익히 알고 있는 INRI라는 것인데, "Iesus, Nazarenus, Rex Iudaeorum"이라고 하는 라틴어의 약자입니다. 예수님은 오전 9시(막 15:25)에 십자가에 매달려 오후 3시(막 15:33)에 운명했으니, 총 6시간 십자가에 매달려 고통을 받으셨습니다. 그가 다른 죄수들에 비해 빨리 운명하였던 것은 납이나 쇳조각이 달려 있는 채찍을 너무 많이 맞았기 때문입니다. 어떤 죄수는 길게는 3일 동안 십자가에 매달려 있는 경우도 있었습니다. 고대 역사가 요세푸스는 십자가의 참혹한 장면에 대해 "십자가에 못 박힌 많은 죄수를 보았다. 내가 아는 사람이 셋이나 있었다. 마음이 너무 아파 로마장군 티투스를 찾아가 눈물을 쏟으며 내가 본 것을 말하였다. 티투스는 그 자리에서 그들을 십자가에 내려 정중히 대하라는 명령을 내렸다. 지인 가운데 둘은 의사에게 치료를 받다가 죽었고, 한 사람은 목숨을 건졌다."[11]라고 기록합니다. 십자가에 달린 죄인들의 사인(死因)은 정확하게 말하면 심장마비입니다. 팔과 다리로 몸의 하중을 견디지 못하고 심장에 무리를 주기 때문입니다. 이렇듯 예수님은 십자가에서 수치와 모욕을 느끼며 천천히 고통스럽게 죽어갔던 것입니다.

당시의 사형법에 따르면, 예수님은 로마의 정치범으로 죽었습니다. 그러나 그가 정치범으로 죽을 수밖에 없었던 이유는 당시 식민지 지배를 받고 있었던 이스라엘에게는 재판을 통해서 사형을 언도할 수 있는 재판권 행사가 원천적으로 봉쇄되어 있었기 때문이었습니다. 물론 예수님은 많은 기적을 일으키며 모든 사람들의 인기를 한 몸에 받고 있었던 위험인물로 잠정적으로는 이스라엘 백성들을 선동하여 로마 정치에 부담을 안겨줄 위협적인 존재로 여겨졌을 것입니다. 그러나 복음서의 저자들과 예수님을 따랐던 제자들의 해석은 달랐습니다. 예수님이야말로 이스라엘이 고대하던 메시야였으며, 구세주였다는 것입니다. 조롱, 수치, 고통, 그리고 마지막으로 죽음에 이르기까지 한 인간이 짊어진 역사적 사건은 마침내 전 인류의 구원과 희망, 그리고 해방을 가져온 사건이 되었습니다.

참으로 예수님의 십자가 사건은 그리스도교 신앙의 핵심입니다. 그것은 하나님께서 친히 인간으로 오셔서 세상을 위해 온갖 수

모와 고통을 겪다가 급기야 숨을 거두었다는 것은 하나님의 자기
비움의 극치가 아니겠습니까?. 이 비밀을 알았던 초대교회 성도들
은 순교의 길을 가면서까지도 '스타우로스'를 외치며 자기 비움의
삶을 실천했습니다. 특히 사도 바울은 "십자가의 도가 멸망하는 자
들에게는 미련한 것이요 구원을 받는 우리에게는 하나님의 능력이
라"(고전 1:18)며 스타우로스를 통해 자기 비움을 실현하고자 했던 것
입니다. 따라서 한국교회가 하나님의 능력으로 새롭게 갱신되기를
원한다면 사순절이나 고난주간 같은 절기에만 그 사건을 되새길 것
이 아니라 일상적 삶에서 항상 자기 비움의 모습을 보여주어야만
할 것입니다.

chapter 16

양심에는 터럭도 없어야 한다

헬라어, 세상을 말하다

"συνείδησις"(쉬네이데시스)

현대 교회와 사회에서는 인간의 최후 보루인 양심마저도 사라지고 있는 것 같습니다. 목회자가 횡령과 도박, 폭행, 간음 등으로 분란을 일으키고, 교육계는 자신의 제자를 가르칠 때 성인이 다 된 이들에게 강도 높은 체벌을 가하고도 도제식 관행이라며 반성의 기미를 보이지 않습니다. 하나 같이 자신들이 잘못한 것이 아니라 마녀사냥을 당한 것이라고 강변합니다.

인간의 양심은 고대 철학이나 초대 교회에서 매우 중요하게 다루어졌습니다. '양심'(*συνείδησις*)이라는 단어는 'syn'(함께)과 'eidon'

(보다) 혹은 'oida'(안다)라는 단어의 합성어입니다. 즉 양심은 타자와 내가 공통의 사실을 인식한다(co-knowledge)는 의미입니다. 이것은 영어로도 con+science인데 번역이 매우 잘된 것 같습니다. 이 양심은 자신을 자각하는 데서 출발해서 선악을 인식하는 기능이자 정서이기도 합니다. 이 개념은 신약성경에 총 30번 나타나며, 바울서신에 주로 사용되어 무려 20번이나 등장합니다.[12]

도덕적 양심은 기원전 1세기경 헬라사상에서 자주 사용되던 용어로서, 사람이 자신의 '잘못한 행동에 대해 고통스럽고 혼란스러운' 상태에 직면했을 때 발동되는 감정입니다. 바울은 이 단어를 그리스-로마 문헌의 의미에서와 같이 악한 충동과 선한 충동간의 투쟁, 즉 잘못한 행동을 저질렀을 때에 오는 도덕적 충동과 자아 충돌의 의미로 차용하였습니다. 따라서 걸출한 신약학자 케제만(E. Käsemann)이, "인간은 자신의 가장 깊은 존재 속에서는 자기 자신이 주인이 아니다"라고 말했듯이, 복음을 듣는 헬라인에게는 양심이라는 개념어가 무척 익숙하게 들렸을 것입니다.

그들은 이미 고대 그리스 비극시인인 에우리피데스(Euripides) 때부터 양심에 어긋났을 때 마음에서 일어나는 고도의 자기 반성적 언어를 잘 알고 있었습니다. 양심의 가책 혹은 꺼림칙함은 타인의 면전에서의 수치나 불쾌감을 낳고, 범죄나 죄에 빠지기 쉬운 쾌락은 불쾌한 감정을 낳는다는 사실을 말입니다. 철학자 소크라테스(Socrates)도 양심을 더럽힘이 없는 상태나 상황, 내면의 행복과 연관지어 설명하고 있습니다. 그들은 깨끗한 인생을 보낸 자들에게는 죽은 자들 사이에서 지복한 사후의 생을 약속받는다고 믿었습니다. 그래서 헬라인들은 외면적인 행복의 추구가 아니라 내면적인 깨끗한 삶을 추구하려고 노력하였던 것입니다.

사도 바울이 로마서 2장 15절에서 '양심'이라는 단어를 설명했을 때 로마에 있는 그리스도인이 쉽게 이해했을 것은 당연한 일입니다. 모름지기 모든 사람에게는 양심이 있어서 바울 또한 하나님을 찾고 만나는 개인의 은밀한 내면이라는 것을 말하고 있는 것입니다. 앞에서 말했다시피 양심은 깨끗한 삶이나 잘못한 행동을 했을 때의 불쾌감과 매우 밀접한 관련이 있습니다. 양심은 그런 역할을 하는 것입니다. 그렇다면 추호도 양심에 거리낌이 없어야 하고 마음이 깨끗해야 할 영역은 그 무엇보다도 종교계와 교육계입니다. 내 안에 들어서 있는 내가 알지 못하는 또 다른 타자 혹은 절대타자가 나의 마음의 상태를 알고 있다고 생각해보십시오. 우리의 언어와 행위가 한 순간이라도 흐트러질 수가 없을 것입니다.

헬라어에서 '안다'라는 동사 'oida'(오이다)는 '본다'라는 동사 'eidon'(에이돈)과 같은 어원을 가지고 있습니다. 본다는 것과 안다는 것은 동근원적 의미입니다. 그래서 오이디푸스 콤플렉스라고 말할 때 오이디푸스는 'oida'(안다)와 'pous'(발)가 합성어가 되어서 불완전한 인간, 불구적인 존재를 일컫기도 합니다. 스핑크스가 오이디푸스에게 던진 수수께끼는 '발'의 정체입니다. 곧 인간이란 땅 위를 걷는 존재라는 말입니다. 인간이 땅 위를 걷는다는 것은 다름 아닌 인간의 한계성과 유한성을 암시하는 말이기도 합니다. 그러나 여기서 한 걸음 더 나아가서 'oida'라고 하는 헬라어가 인간의 내면적, 주관적 지각을 일컫는 것이라면, 우리 안에 그 지각을 가능하게 하고 함께 우리 자신을 인식하도록 만드는 초월적 존재, 혹은 불멸의 이념적 시선(바라봄)을 의식하지 못한다면 우리는 영원한 불구의 존재가 되고 말 것입니다.

칼 야스퍼스(K. Jaspers)는 "교회와 마찬가지로 대학은 초자연적이고 전세계적인 성격을 지닌 불멸의 이념으로부터 그 자율성을 부여받는다. … 학원의 자유란 진리를 가르쳐야 한다는 의무를 수반하는" 것이라고 말한 바 있습니다. 그런 의미에서 우리 교회와 대학의 갈 길은 어진 마음(良心)을 회복하는 일일 것입니다. 이참에 예수의 영성을 통해서 양떼를 돌보고 가르치는 목사와 지성의 요람이

라는 대학에서 학생들을 가르치는 교수는 모두가 양심(συνείδησις)의
스승이 되어야 할 사람이라는 것을 반드시 명심해야 할 것입니다.

*
chapter **17**
기쁨, 감사, 그리고 유카리스티아

"εὐχαριστία"(유카리스티아)

교회의 『예배와 예식서』에서 주목할 만한 점은 성만찬에 대한 예배 행위를 진중하게 다루고 있다는 것입니다. 성만찬 혹은 주의 만찬 (Lord's Supper)은 초대교회 이후로 그리스도교 예배에서 절대로 빠질 수 없는 '감사행위'였습니다. 영어로 Eucharist라고 표현되는 성만찬은 헬라어로 "εὐχαριστία"(유카리스티아, 신약성서에 15번 등장)이며, 이 단어는 '성만찬'뿐만 아니라 '감사'라는 이중적 의미를 가지고 있습니다. 원래 성만찬은 '감사하다'라는 뜻의 동사 'εὐχαριστέω'에서 파생된 예전용어이기 때문에, 성만찬과 감사는 항상 불가분의 관계에 있는 것입니다.

헬라어 어근법에 따르면, 어근 '*χαρ-*'(카르)는 '좋아하다', '기뻐하다'라는 뜻을 가지며, 이것에서 파생된 예배용어가 '*εὐχαριστία*'(성만찬, 감사), '*χάρα*'(기쁨, 즐거움), '*χαρίς*'(은혜, 은총)입니다. 이러한 헬라어 공통 어근을 통해 우리는 초대교회 성도들이 어떠한 자세로 성만찬에 참여했는지 그 마음가짐을 엿볼 수 있습니다. 그렇지만 한국교회는 성만찬을 행할 때 구원의 은혜를 기억하는 감사와 기쁨의 정서보다는 고난과 죄책에 대한 신앙 감정만을 강조하는 것 같습니다.

더군다나 교회에서 행하는 성만찬 예식은 잊을 만하면 그저 가끔씩 빵과 포도주를 받는 형식적인 의식처럼 보일 때가 있습니다. 명심해야 할 것은 성만찬은 특정한 시간에만 어떤 결단을 위한 상징적 행위가 아니라 인류 구원을 위해 십자가를 지신 예수님을 기억하며 새로운 삶을 다짐하는 어린 양 잔치라는 점입니다. 성만찬 예전은 하나님께 드리는 예배에서 말씀의 예전과 함께 항상 같이 행해져야 하는 구원받은 성도의 기쁨의 잔치요, 하나님의 은총에 감사하는 신앙의 표현이 되어야 마땅할 것입니다. 특히 교회는 이 둘의 균형 잡힌 예배의 형식과 내용을 잊지 말아야 합니다.

또한 사족(蛇足)을 달자면, 성만찬 때에는 출처 없는 카스테라 빵을 떼는 것이 아니라, 예수님께서 잡히시던 날 밤 제자들과 함께 드셨던 유월절 무교병을 떼면 좋겠습니다. 그렇게 한다면 예배학적으로 성만찬의 의미가 되살아날 것이요, 빵과 포도주를 받는 성도들에게는 그야말로 감사와 은총의 사건이 되지 않겠습니까! 이제라도 한국 교회가 성만찬에 대한 새로운 인식이 싹터서 그리스도의 은총에 대한 기쁨과 감사 어느 한쪽도 샐그러뜨리지 않는 뜻 깊은 한 해가 되기를 소망합니다.

chapter 18

닮을 것을 닮아야 한다

헬라어, 세상을 말하다

"εἰκών"(에이콘)

요즈음 신문 지상을 비롯하여 온갖 매스컴에서는 북한의 권력을 세습한 김정은에 대한 이야기로 넘쳐납니다. 심지어 어떤 관상가들은 김정일의 후계자인 김정은을 그의 조부(祖父)인 김일성과 닮은꼴로 여기기도 합니다. 물론 그것은 정권을 이양하는 과정에서 이루어지는 이미지(image) 정치의 한 수단일 수도 있겠으나, 우리는 그런 모습을 보고 "닮을 걸 닮아야지"하는 생각을 하게 됩니다.

그리스도인은 누구를 닮아야 할까요? 그리스도인은 예수 그리스도를 빼닮아야 하는 것이 마땅합니다. 사도 바울은 그리스도의 '형상' 즉 그리스도인의 닮은꼴을 이야기하면서, 헬라어 원어 "εἰκών"(에이콘)이라는 개념을 사용합니다. '형상', '닮음', '우상'으로 번역되는 이 단어는 신약성경에 23차례나 등장합니다. 복음서에는 3번(마 22:20; 막 12:16; 눅 20:24), 히브리서에서 1번(10:1), 계시록에서는 우상이라는 의미로 10번에 걸쳐 나타납니다(13:15[3회], 15:2, 16:2, 19:20, 13:14, 14:9, 14:11, 20:4). 그러나 바울서신에서는 보다 독특한 의미로 9번 등장합니다(롬 1:23, 8:29; 고전 11:7, 15:49[2회]; 고후 3:18, 4:4; 골 1:15, 3:10). 바울은 이 개념을 통하여 1세기 지중해 세계의 그리스도인들로 하여금 원안(原案)을 닮아야 한다고 강조하고 있는 것입니다. 그 원안이 누구일까요? 처음 사랑을 간직한 예수 그리스도가 아니겠습니까?

이 '형상'이라는 말은 이미 구약시대에도 있었습니다. 잘 아는 대로 '쩨렘'(tselem)입니다(창 1:26-28 참조). 또한 이 용어는 '모습'이라고 번역이 되기도 하고, '조각품'이나 '모조품'을 의미하는 말로도 사용되었습니다. 일반적으로 영어로는 image, likeness로 번역되어 있습니다. 또한 고대근동지방의 수메르어에서는 '알란'(alan)으로, 아카드어의 '살무'(salmu)로 쓰이던 언어로서, 신의 현존 즉 신의 형상을 가리키는 데 쓰이던 말이었습니다.

그러면 '쩨렘'으로 번역되는 "εἰκών"(에이콘)에 담긴 함축된 의미는 무엇일까요? 이 단어는 동물에 대한 인간의 우위성을 나타내는 말로서 이성, 자유, 영성을 소유한 인간은 다른 존재보다 더 존귀하게 창조되었다는 것을 의미합니다. 구약에 정통했던 사도 바울은 히브리어 '쩨렘'을 헬라어 '에이콘'으로 번역하면서, 본체(morphe)보다는 다소 약하고 외형보다는 강한 의미인 '형상' 혹은 '원형'으로 옮겼던 것입니다. 그러면서 그 용어를 통해서 그리스도인은 그리스도의 외형과 속성을 아울러 모두 닮아야 함을 선포하고 있는 것입니다.

이와 같이 바울은 '에이콘'을 강조함으로써 그리스도인이 오직 성령을 통해서 그리스도의 원형을 닮아가야 한다고 말하고 있는 것입니다. 이 용어에서 유래된 것이 중세교회의 Icon(이콘/아이콘) 전통입니다. 기독교역사 가운데에 거룩한 성화를 통해 신심을 키우고 그리스도를 닮아 가려고 했던 시절이 있었습니다. 창세기가 말하는 하나님의 인간창조 목적은 하나님의 대리자로서 세계를 통치하고 다른 생명체들과 공존하는 것입니다. 이처럼 사도 바울은 그리스도인도 만물의 원형이신 그리스도를 닮아서 그 영광을 성취하기를 바랐던 것입니다.

이제 갓 정계에 발을 들여 놓은 김정은이 조부인 김일성을 닮은

꼴로 형상화한다고 해서 진정한 김일성이 될 수는 없습니다. 진짜가 될 수 없다는 말입니다. 이미 가짜라고 판명된 조작된 원형을 아무리 닮는다고 해도 가짜인 것은 당연한 이치가 아니겠습니까? 모방(imitation)을 해도 제대로 된 모방을 해야 할 일입니다. 한 국가 공동체의 수장이 되고자 하는 사람도 자신의 이미지를 만들기 위해서 북한의 초기 정권의 창시자를 닮았다고 목소리를 높이는데, 하물며 우리 그리스도인은 온 세계를 창조하신 하나님을 얼마나 닮고자 노력하는지 반문하게 됩니다. 그러기 위해서는 먼저 우리의 맏배로서 하나님을 쏙 빼닮은 예수 그리스도를 닮게 되면 자연히 하나님의 형상(image of God)을 닮는 것이 아니겠습니까? 하나님께서 우리에게 부여하신 그리스도인의 형상은 권력을 쟁취하기 위해 다투거나 백성을 지배하는 모습이 아닙니다. 하나님과 닮은꼴이라는 것은 다만 하나님의 대리자로서 그분께서 명령한 것을 이 땅에 잘 시행하는 것입니다.

어린 나이에 일찌감치 권력에 입문한 김정은이 조부인 김일성을 닮았다 하니 그의 정치적 행보가 어떨지 궁금하기도 합니다. 화무십일홍(花無十日紅)이라고 지난 시기의 권력욕과 지배욕, 탐욕과 전쟁의 욕망 등은 부디 닮지 않기를 바랄 뿐입니다. 그 자신도 한갓 백성의 대리자로서 남한을 비롯하여 전 세계와 공존을 모색하면서 기필코 '한반도의 원형'(εἰκών)을 복구하는, 일치와 통일을 이룩하는 진짜배기 통치자가 되어야 합니다. 이 땅에 태어난 모든 인간은 하나님의 형상을 품고 있습니다. 예수 그리스도께서 친히 보여 주신 그 원형이야말로 하나님의 마음과 일치하는 것 즉 평화와 통일, 그리고 한반도의 온전한 회복이 아니겠습니까?

chapter 19

에이레네! 에이레네로다

헬라어, 세상을 말하다

"εἰρήνη"(평화)

항상 선거철이 되면 온 나라가 시끄럽습니다. 누가 말했던가. "떠들지 않는 것이 정치라고." 사건과 사건이 연이어 폭로되면서 선거의 공방전이 계속되니 백성들은 정말 당선자들이 국가의 종노릇을 제대로 할 것인가를 가늠하기가 어렵습니다. 설령 그렇다고 하더라도 복수나 설욕을 하기 위해서 절치부심(切齒腐心)하는 정치가 아니라, 여당이든 야당이든 힘을 합쳐 국가의 평화와 사회의 통합을 이루는 일에 매진해야 할 것입니다.

성서는 바로 이러한 관계의 회복이나 일치, 조화를 말하는 하나의 중요한 개념어를 말하고 있는데, 이른바 '평화'(εἰρήνη)입니다. 라틴어는 '팍스'(pax), 영어는 'peace'로 번역되는 헬라어 '에이레네'는 요한일서를 제외한 신약성서의 모든 책에 92회나 등장합니다. 이 단어는 우리말 성경의 '평안', '화평', '평화', '평강'이란 번역 외에도, 안식, 평온, 염려 없음, 일치, 번영, 건강함, 충만함 등 광범위한 의미로 사용됩니다.[13] 고대 그리스의 '에이레네'는 단순히 사람들 사이의 관계나 태도만을 의미하는 것이 아니었고, 계속되는 기나긴 전쟁 상태에서의 한 막간, 즉 잠깐이나마 평화가 이루어진 상태를 의미했습니다. 그 후 이 단어의 의미가 확장되어 전쟁의 반대, 전쟁이 종결되어 적의가 없는 평화의 때를 의미하게 되었습니다. 또한 '에이레네'를 통해 이 땅에 법과 질서가 유지되는 상태, 땅과 백성을 위한 복이 흘러넘치며 모든 관계가 온전하게 회복된 상태를 뜻했습니다. 그러므로 '에이레네'는 하나님과의 화해, 인간과의 화해(조화)뿐만 아니라 만물과의 건강한 화해나 회복을 의미함으로써 전인적인 구원을 상징하는 말입니다.

이와 같은 어원이 그리스 신화에도 등장하고 있습니다. 신들의 계보를 체계적으로 서술한 헤시오도스(Hesiodos, BC 700년경 그리스의 서사시인)에 따르면 제우스에게는 연인들이 참 많았습니다. 그 중에서 테미스는 자연의 법과 질서의 여신이었는데, 그녀와 제우스 사이에서 태어난 딸들이 계절의 여신들인 호라이(horai)입니다. 이들 세 자매의 이름은 질서의 여신 '에우노미아'(Eunomia), 정의의 여신 '디케'(Dike), 그리고 평화의 여신 '에이레네'(Eirene)입니다. 이들은 올림푸스에서 제우스를 도와 천상의 구름문을 열고 닫으며 계절을 관장했다고 합니다. 어떤 학자들은 신약성서의 '평화'를 이 신화에서 유래된 그리스의 평화 개념인 적대감이 없는 상태나 태도를 뜻하는 말에 그 어원을 두기도 합니다. 그러나 신약의 '에이레네'는 구약의 '샬롬' 신학적 전통 역시 이어받았음이 분명합니다. 하나님께서 주시는 관계의 평화, 올바른 관계를 맺는 평화는 정의로운 평화를 말합니다. 따라서 모든 참된 평화는 정의를 바탕으로 하는 올바른 관계를 내포합니다. 하지만 그러한 정의와 평화는 아직 완전하게 도래한 것이 아닙니다. 완전한 정의와 평화는 종말론적일 수밖에 없습니다. 그것은 메시야의 재림과 함께 온전하게 이루어질 것입니다(사 11:6-16 참조).

또한 '에이레네'는 평화 조약이나 평화의 타결과 관련됩니다. 그렇다고 평화는 인간의 관계나 삶에 터진 데를 꿰매는 미봉(책)이 아닙니다. 동시에 어떤 사건이나 사물에 덧대어 보태는 점철(點綴)도 아닙니다. 평화는 온전한 관계의 회복과 통전적 관계를 지칭하는 개념이니 완전함과 온전함의 상태를 일컫는 말입니다.

예수님 시대에 로마 황제들은 군대의 힘으로 성취한 정치적 '에이레네', 즉 팍스 로마나(Pax Romana)를 전 지중해 세계에 제공했습니다. 이와는 달리 예수님의 죽음과 부활은 궁극적으로 온전한 인류의 평화를 위한 것이었습니다. 예수의 십자가 사건을 통해서 하나님과 인간의 관계에 일치와 화평, 그리고 구원이 이루어졌으며(롬 5:1), 인간과 인간의 관계는 회복되었습니다(롬 14:17, 19; 엡 4:3; 약 3:18; 히 12:14; 롬 14:19). 나아가 하나님께서는 모든 피조물과의 관계에 있어서 온 우주만물을 자신과 화평케 하셨습니다(골 1:15-20). 이로써 예수의 죽음과 부활은 궁극적으로 인간의 건강, 질서, 복지, 번영, 구원, 안녕, 회복을 주는 것입니다. 이것을 한마디로 평화 혹은 화평이라고 말할 수 있을 것입니다. 아무쪼록, 우리 모두 부활의 기쁨과 함께 진정한 '에이레네'를 확인하고 나누는 시간이 되기를 소망합니다. 더불어 이 어려운 시대에 한국사회도 국민의 일치와 통합, 그리고 화해의 시대가 열리기를 기대합니다. 이 땅에 거친 호흡을 하는 모든 이들에게 주님의 '에이레네'(평화, 화평, 평강, 그리고 평안)가 함께 하시기를!

chapter 20

오, 죄악이여! 우리를 빗나가라

헬라어, 세상을 말하다

"ἁμαρτία"(하마르티아)

전 세계에서 소위 내로라하는 국가들이 몇 해 전 모여서 세계정상회의(G-20)를 치렀습니다. 그러나 회의가 끝난 후 그 결과들이 무엇이었는지에 대한 국내의 반성은커녕 언론조차도 입을 다물었습니다. 다만 옆 동네에서 벌어지는 아시안게임의 소리가 연일 매스컴을 뒤덮고, 군대의 이런저런 사고사망 소식들, 그리고 대포폰에 대한 이슈 등이 뒤엉켜 국민들의 눈과 귀를 혼란스럽게 만들었습니다.

이런 사건들 중 무엇보다도 사람들의 빈축을 사게 했던 사건이 있었으니, '봉은사 땅밟기'였습니다. 이러한 사람들을 향해 철학자

야스퍼스(K. Jaspers)는 "궁극적인 진리를 갖고 있다고 자부하는 사람들과는 대화나 교제도 할 수 없다"고 잘라 말하면서 따끔한 일침을 놓습니다. 그런 의미에서 보면 지금 벌어지고 있는 정치·경제·사회·종교 등의 모든 분야에서 오만(傲慢, hubris)이 도를 넘어선 것 같습니다. 성서적인 관점에서 보아도 오만 즉 '선을 넘어선 것'은 '죄'(ἁμαρτία)입니다.

성서에는 '죄'를 가리키는 단어들이 여럿 등장하는데, 그 중에 우리에게 익숙한 '하마르티아'(ἁμαρτία, 신약성서에서 173번 등장[14])는 그리스 비극에서 오이디푸스가 부친을 살해하고 어머니와 근친을 하는 폐륜을 나타낼 때 사용되었던 말입니다. 헬라어 '하마르티아'의 원 의미는 '과실', '과오', '잘못' 등으로 번역되며, 적합한 히브리어로는 '하타아'(hattaah)에 가깝습니다. 이를 풀어쓰면, 창을 던질 때 '표적을 벗어남', '목표에 적중시키려다 빗맞음', '표적을 일탈함'이라는 뜻입니다. 다시 말해서 인간의 비극과 불행은 자신의 과오나 실수 탓이라는 것입니다. 사도 바울은 이 헬라어의 개념을 차용하여 인간의 죄를 설명하려고 하였습니다. 즉 '하마르티아'는 하나님에 대한 신앙에서 벗어나는 것을 의미하게 된 것입니다. 복음서에서는 그리스도인이 질서나 관습을 범한 사람 혹은 율법에 익숙하지 않거나 율법에 열심이 없는 사람을 '하마르톨로스'(ἁμαρτόλος, 죄인)라고 하였습니다.

　이외에도 죄를 의미하는 개념들로는 '포네로스'(πονηρός, 악한), '아디키아'(ἀδικία, 불의, 부정), '파라바시스'(παράβασις, 위반), '아노미아'(ἀνομία, 무법) 등이 있는데, 일반적으로 하나님이 인간들에게 의도하신 삶을 포기하거나 거부하는 것과 연관이 있습니다. 그렇다면 죄는 인간의 잘못으로 인해 야기된 비극적인 것으로서 하나님의 지시하는 뜻 혹은 삶에서 빗나간 것이지 도저히 고치지 못할 몹쓸 병이 아닙니다. 왜냐하면 우리에게는 그리스도가 계시기 때문입니다.

　그렇다고 해서 그리스도를 죄라는 한계 상황에 처한 우리를 무작정 용서하시는 안전장치로만 여긴다면 안 될 것입니다. 죄를 범하기 이전에 그것을 멀리할 수 있는 올곧은 하나님께서 허락하신 자유와 판단에 상응하는 무거운 책무가 뒤따라야 하지 않겠습니까? 지구 경제 전체에서 불과 20%가 80%의 살림을 끌고 나간다고 호언장담하면서 오히려 약소국에게 불리한 경제정책을 강요한다면 그들의 소외를 어찌 감당할 수 있겠습니까? 자신들의 이익을 앞세우는 자본가의 욕망과 자본주의 국가들의 탐욕, 탐심, 탐식을 어찌 보아야 합니까?

예수님은 약자를 사랑할 것을 누누이 강조하신 분입니다. 약자의 아픔을 눈감지 말아야 하며 더 적극적으로 그들을 배려해야 할 것을 말씀하셨습니다. 이른바 선진국이라는 나라들이 협상 테이블에서 자국의 이익을 위해서 머리를 굴리고 있을 때 정치경제적으로 소외된 많은 사람들이 아픔과 고통 속에서 죽어가고 있다는 사실을 기억해야 할 것입니다. 그것이야말로 '악하고 무법이며 부정을 저지르는 위반'이라고 보아야 합니다. 그뿐만 아니라 선진국은 자국의 경제발전을 위해서 쏟아내는 오염물질과 경제논리에만 집착한 나머지 자연환경을 파괴한 그 죄를 속죄해야 할 것입니다.

더 나아가 종교적 측면에서 그리스도인은 특정한 나라나 종교를 표방하는 남의 땅을 함부로 밟는 행위로 자신의 믿음을 정당화하는 탐오배(貪汚輩)라는 비판을 듣지 말아야 함은 두말할 필요도 없습니다. 그러므로 이 모든 것들은 하나님이 보실 때 선을 넘어선 오만이자 하나님의 마음에서 빗나간 '죄'(ἁμαρτία)라 말해야 옳지 않겠습니까?

chapter 21

쓰나미에 덕(德)은 없지만

헬라어, 세상을 말하다

"ἀρετή"(아레테)

세계를 발칵 뒤집히게 만드는 지진과 쓰나미가 일본에서 발생하였습니다. 수만 명의 인명피해와 함께 원전 사고로 인한 방사능 물질이 유출됨으로써 2차, 3차 피해가 우려되고 있습니다. 일각에서 이를 두고 일본이 비그리스도교적인 국가이기 때문에 그러한 징벌이 일어났다는 비이성적인 발언으로 물의를 빚고 있는 것은 또 하나의 가슴 아픈 현실입니다. 그러나 깊이 생각해 보면 일본으로 인해서 우리가 은덕(恩德)을 입었다는 사실을 알게 됩니다.

이번에 일어난 일본의 대지진의 근원은 지구의 판구조운동으로 인해서 생긴 것입니다. 지구는 17개의 판구조로 이루어져 있는데, 이로 인해서 지구의 체온이 유지되거나 석유가 만들어지는 순기능적 조건이 형성됩니다. 그런데 판과 판이 만나면서 아래위로 서로 엇갈리며 무수한 지진을 만들어내기도 합니다. 일본의 경우 크게 네 개의 판이 만나는데, 태평양판, 필리핀판, 북미판, 우리나라가 속해 있는 유라시아판이 그것입니다. 그 가운데 일본 열도는 태평양판과 북미판이 충돌을 하면서 히로시마 원폭의 5배나 되는 엄청난 파동을 만들어낸 것입니다.

우리는 유라시아판에 속해 있어서 비교적 안전하다고는 하나 최근의 관측에 의하면 잦은 지진이 발생하고 있다고 합니다. 이번 일본의 지진과 쓰나미를 보면서 일본이 우리의 앞마당을 안전하게 지켜주었구나 하는 생각을 하게 되었습니다. 우리의 앞마당으로 쓰나미가 몰려오지 않도록 그들이 막아주는 담벼락 역할을 톡톡히 해주었기 때문입니다. 필자는 그것이 그들의 덕(德)이라고 생각합니다.

고대 그리스사람들은 '덕' 즉 '아레테'(ἀρετή)를 인간의 탁월함, 훌륭함이라고 생각했습니다. 덕(virtue)은 사람으로서의 '훌륭한 상태', 즉 사람 구실을 하는 활동이나 이를 하게끔 된 상태를 가리키는 말입니다. 소크라테스는 사람답게 해주는 기능을 이성(logos)이라고 했으며, 플라톤은 지성 혹은 정신(nous)이라고 생각했습니다. 좀 더 포괄적으로 말한다면, 덕이란 철학적 지혜, 통찰력처럼 지적인 훌륭함(덕), 절제, 너그러움과 같은 윤리적인 훌륭한 덕, 인격적인 훌륭한 덕(ethos)이라는 것입니다. 이러한 덕은 습관이나 습성을 통해서 성취됩니다. 아리스토텔레스는 "사람의 훌륭함은 '아레테'로 인해서 그 사람이 훌륭하게 되고 또 그 '아레테'로 인해서 그가 자신의 할 일을 잘 해내는 그런 습성 내지 굳어진 상태"라고 했습니다. 그런데 이러한 훌륭함(덕)은 궁극적으로 중용을 목표로 합니다.

'아레테'는 영어로 goodness, excellence로도 번역할 수 있습니다. 그에 대한 반대말은 '카키아'(kakia)인데 나쁜 상태, 무지 즉 사람 구실을 제대로 못하는 상태를 의미합니다. 사람으로서 훌륭함은 사람구실에 대한 앎이, 더 나아가서는 사람 구실을 할 줄 아는 앎이 있어야 실현될 수 있습니다. 다시 말해서 자기 자신을 아는 것입니다(gnonai heauton). 그리스 철학에서는 자신의 영혼(psyche)을 훌륭하게 지혜로워지도록 보살피는 것을 '아레테'라고 합니다. 또한 '아레테'는 최선의 사람, 좋은 사람이 되기 위해 획득된 능력, '탁월함'을 나타냅니다. 그렇다면 좋은 사람이란 어떤 사람일까요? 자신의 탁월함과 수행능력을 통해서, 동시에 올바름을 통해서 보편적으로 인정받는 사람입니다. 다른 사람들이 어떤 사람을 칭찬할 때는 당연히 공동체에서 무언가 뛰어난 부분이 있어야 합니다. 동료 시민에게 훌륭한 말을 듣는 것, 그것이 칭찬이 아니겠습니까? 그에 대한 도덕적 올바름으로 일컬어지는 이른바 지혜, 용기, 관용, 절제, 정의 등이 기본적인 덕목으로 자라날 수 있는 것입니다.

신약성서의 저자들은 이와 같은 고대 그리스의 철학적인 덕의 개념을 사용하여 초대교회 성도들에게 그리스도인의 덕을 강조하고 있는 것입니다(빌 4:8; 벧전 2:9; 벧후 1:3, 1:5; 롬 14:19; 고전 8:1, 10:23, 14:3-5). 그리스 세계에서는 공동체 내부에서 사람 구실을 잘 하는 탁월한 능력을 발휘하는 사람을 덕이 있다고 말했습니다. 마찬가지로 하나님의 교회에는 그리스도인답게 그리스도인으로서의 구실, 사람다운 구실을 잘 하는 덕스러운 사람이 필요합니다. 더욱이 이번 일본의 사태에 대해서 괜한 그리스도교적인 잣대로 생각하기 보다는 그들의 지리적 조건이 우리에게 덕이 되었던 것처럼 우리 또한 그들에게 덕을 베풀어야 하지 않겠습니까? 적어도 엄청난 재난과 공포로 인해 눈물로 지새우는 재해자들을 위로하고 대도(代禱)하지 못할망정 자신의 주관적 신념과 감정에 기초한 망언을 순수한 신앙적 발언으로 착각하지 말아야 할 일입니다. 사도 바울이 말하지 않았습니까? 건물을 세우듯 서로 사랑으로 '덕'(ἀρετή)을 세우라고!(롬 14:19; 고전 8:1).

All men are like grass,
and all their glory is like the flowers of the field,
the grass withers and flowerss fall,
but the word of the Lord atands forever.
And this is the word that was preached to you.

PART III

헬라어로 느끼는 사계절의 향기

chapter 22

하나님의 은총으로 살게 하소서!

헬라어, 세상을 말하다

"χάρις"(카리스)

새로운 한 해가 시작되었습니다. 낡은 시간이 가고 새로운 시간이 왔습니다. 토끼의 눈이 똘망똘망해 보이듯이 새해가 여느 해보다도 희망차 보입니다. 그리스 철학자 헤라클레이토스(Heracleitos)는 '판타 레이'(panta hrei), 즉 "모든 것은 흐른다" 혹은 "만물은 유전(流轉)한다"는 유명한 말을 남겼습니다. 그의 말처럼 흘러간 시간은 다시 돌아오지 않는 법입니다. 새해가 밝았다고 생각하는 순간 이미 되돌릴 수 없는 미래로 나아가고 있는 것입니다. 하지만 변화무쌍한 세계에서 그래도 여전히 변하지 않는 것이 있으니, 바로 우리를 사랑하시는 하나님의 은총(grace)이 아니겠습니까? 분명한 것은 그 변치 않는 하나님의 은혜가 지난해도 올해도 우리를 둘러싸고 있다는 사실입니다.

그리스어에서 '은총' 혹은 '은혜'라는 말은 "χάρις"(카리스, 신약성서에 155번 등장[15])라고 합니다. 원래 '카리스'는 '카이로'(chairo)에서 파생한 말로서, '기쁨이 있으라'는 뜻입니다. 또한 '누군가의 호의로 인해서 기쁨이나 즐거움 그리고 감사의 마음이 드는 상태'를 일컫는 말입니다. 사도 바울은 하나님과 예수 그리스도로부터 오는 은혜를 강조할 때 항상 이 개념을 사용하였습니다. 모름지기 그리스도인은 하나님에 의해서 선사된 그분의 은혜, 그리스도의 은총을 먹고 사는 사람들이라는 뜻입니다.

현대 프랑스 철학자 알랭 바디우(A. Badiou)는 은총이란 유산, 전통, 가르침이 아니라 '사건'이라고 했습니다. '육체의 일'에 대한 중단인 동시에 '영의 일'에 대한 단언이 은총이라는 것입니다. 은총은 영적인 사건, 하나님에 의한 영적인 발생입니다. 게다가 그는 "은총은 순수하고 단순한 만남 … 은총은 당연히 받아야 할 것이 아니면서 도래한다는 점에서 율법과 반대가 된다"라고 말했습니다. 마찬가지로 우리 그리스도인은 하나님으로부터 비롯되지 않은 정신, 판단, 편견으로부터 자유로워야만 합니다. 하나님의 은혜가 들어설

수 있는 것은 고의적이거나 인위적인 것이 아니라 순수한 마음입니다. 올해는 그 어느 때보다도 하나님의 영과 올곧은 정신을 추구하는 한 해였으면 하는 바람을 가져봅니다. 하나님의 은혜가 모든 백성들에게 가득 임할 뿐만 아니라 은총의 본래 속뜻처럼 많은 사람들이 하나님의 총애를 입어 어떠한 때보다 더 많은 기쁨이 찾아오는 한 해이기를 소망합니다.

권터 보른캄(G. Bornkamm)도 "은총은 새로운 질서, 새로운 언약을 세워준다"고 했던 것처럼, 올 한해에는 인간의 추한 무질서가 판을 치는 것이 아니라 반드시 하나님의 은총에 의해서 새로운 질서가 확립되어야만 합니다. 정치경제적 영역에서 판을 치는 늿보들은 자신의 기득권을 빼앗길 수 있다는 불안 때문에 새로운 질서의 도래를 두려워할 것입니다.

그가 이렇게 강조한 은혜에 의한 삶이란, "하나님이 먼저 그리스도 안에서 행한 행위에서 믿는 자들의 모든 행동이 시작되고 끝난다는 것을 의미한다." 다시 말해서 새해는 그리스도인들이 하나님 안에 있는 시간, 그리스도 안에 있는 시간임을 의식하며 행동하는 존재가 되어야 한다는 말입니다. 거기에 그가 말한 '하나님의 깊이'가 발현될 가능성이 있기 때문입니다. 종교의 깊이나 종교의 건전한 감수성이 상실되는 이때에 우리에게 선사된 '하나님의 깊이'를 보여주어야 할 때가 된 것입니다. 그래서 새해는 '하나님의 깊이' 속에 머무는 모든 그리스도인이 '은총으로 사는 것'을 향유하며, 은혜로 사는 데에 맛과 재미를 느낄 수 있어야 할 것입니다.

또한 우리 그리스도인은 하나님의 특별한 은총, 혹은 총애를 입은 사람들임을 기억해야 할 것입니다. 그러나 명심할 것은 총증항극(寵增抗極)입니다. 즉 자칫하면 하나님의 총애(寵愛)가 더할수록 교만할 수 있으니 더욱 조심해야 할 일입니다.

chapter 23

새해의 명훈, 카이로스를 잡자

헬라어, 세상을 말하다

"καιρός"(카이로스)

예부터 용(龍)이라 함은 동양에서는 매우 상서로운 동물로 알려져 있지만, 서구 사회 특히 성서에서는 불길함과 징벌의 상징으로 나타납니다. 고대사회에서 용과 관련된 신화이야기는 동서양을 막론하고 인간의 시간 의식에 뿌리 깊이 침투해 있는 것 같습니다. 용은 시간의 계기와도 맞닿아 있다는 것입니다. 이야기 속 시간의 결말은 용과 인간 그리고 신과의 관계에 따라 희극과 비극이 엇갈리기 때문입니다.

헬라어 원어에는 이 시간을 의미하는 두 종류의 단어가 나타납니다. 하나는 수치화, 계량화 할 수 있는 일반적 시간인 '크로노스' (χρόνος, 신약성서에 54번 등장)인데, 이 시간은 나의 의지와는 상관없이 흘러가는 양적인 시간, 인간의 시간 즉 세월을 가리킵니다. 또 다른 하나는 특별한 계기나 의미가 부여 되는 시간인 '카이로스'(καιρός, 신약성서에 85번 등장)입니다. 이것은 질적인 시간, 결정적인 순간의 시간, 기회의 시간, 변화된 시간을 의미합니다. 시간이 이렇게 둘로 나누어진 이유는 고대신화에서 기원합니다.

그리스 신화에 보면 자식을 낳자마자 잡아먹는 비정한 신이 나옵니다. 한 손에는 살아 있는 모든 것을 소멸시키는 낫을 들고 있고, 다른 한 손에는 모래시계를 든 그가 바로 '크로노스'인 시간을 다스리는 신입니다. 크로노스가 자식을 낳자마자 잔인하게 잡아먹는 이유는 자식이 자신을 죽일 것이라는 신탁 때문이었습니다. 그 신탁이 실현되지 않도록 하는 유일한 방법은 태어날 때마다 자식을 잡아먹는 방법이었습니다. 그런데 어느 날 그의 아내 레아는 막내 아이가 태어나자마자 그 자식을 숨기고 대신 돌덩이를 크로노스에게 줌으로써, 구사일생으로 어린 자식을 살립니다. 이렇게 하여 모든 신들의 아버지 제우스가 탄생하게 된 것입니다. 제우스는 장성하여 결국 아버지를 죽입니다. 하지만 크로노스의 죽음으로 이제 시간이라는 것은 누구도 통제할 수 없는 것이 되어 버렸고, 그 결과 세월은 브레이크 없이 마냥 흘러만 갑니다.

또 다른 시간의 신은 '카이로스'입니다. 카이로스는 앞을 볼 수 없어 번민이 많은 불운한 신이었습니다. 그는 양손에 칼과 저울을 들고 기회라고 생각할 때마다 냉철한 판단을 하여 먹을 것은 얻을 수 있었으나, 조금이라도 주저할 때는 어깨에 있는 커다란 날개와 두 발에 붙은 작은 날개 때문에 가차 없이 떠밀려 날아가 버립니다. 게다가 앞머리가 무성하여 기회를 금방 알아차리기 어렵고, 뒷머리는 민머리여서 망설이며 아차 하는 순간 그 기회를 놓칩니다. 이처럼 번민이 많고 불행한 카이로스가 판단의 시간, 기회의 시간, 인식의 시간을 관장하는 신입니다.

시간이란 이처럼 아무리 수치화, 계량화 한다고 해도 인간의 능력으로 통제할 수 없는 측면이 있는 것이고, 동시에 인생을 살아가면서 자신에게 기회라고 생각하는 그 때(καιρός)가 오면 반드시 놓치지 말고 붙잡아야 하는 측면이 있는 것입니다. 그런데 새해를 맞이하는 그리스도인에게는 전자보다는 후자의 시간 개념이 더욱 중요하게 다가옵니다. 전자는 삶의 시간 혹은 세속의 시간이라면, 후자는 하나님의 시간, 신앙의 시간이기 때문입니다. 인생의 때라고 하는 것, 인생의 기회라고 하는 것은 하나님이 정하신 바로 그 때에 은총으로 다가오는 것입니다. 삶의 시간은 마치 신화에 등장하는 것처럼 아무리 시간을 내 손으로 붙잡아서 다 활용하고 싶지만 어느새 모래처럼 내 뒤로 빠져나가 사라질 뿐만 아니라, 낫으로 잘게 부수고 바쁘게 조각조각 나누어서(time) 써야 하는 인간의 비참한 운명을 반영합니다. 그렇기 때문에 인간의 시간은 반드시 하나님에 의해서 기회가 주어져야 하고, 변화가 일어나야 하며, 하나님께서 친히 도우셔야 하는 것입니다.

사람들은 새로운 한 해를 맞이하면 그에 따른 각오와 결심을 해보기도 하지만, 언제부터인지 그것마저도 소용없다는 듯이 체념하면서 마냥 시간을 흘려보냅니다. 크로노스의 운명도 기구하지만, 카이로스의 교훈도 역시 기억해야 합니다. 인생을 살면서 우물쭈물 주저하는 사이에 세월도 흘러갈 뿐만 아니라 하나님께서 내게 허락하신 좋은 기회, 하나님께서 계획하신 그 때를 놓치고 만다는 사실을 말입니다. 옛날 송대(宋代)의 주자는 다음과 같은 말을 했습니다. "少年易老學難成(소년이로학난성), 一寸光陰不可輕(일촌광음불가경)", 즉 "소년은 늙기 쉽고 학문은 이루기 어려우니, 잠깐의 시간이라도 가볍게 여기지 말라." 인간이 80년을 산다면 그 시간은 700,800시간이라고 합니다.

올해도 우리의 삶은 씨줄(크로노스)과 날줄(카이로스)이 엮인 숙명의 두 시간 틀 속을 거닐며 바쁘게 지나갈 것입니다.[16] 그러나 한 가지 명심할 점은 올해도 '카이로스'(기회)는 뒷머리카락이 없다는 사실입니다. 기회는 앞에 오는 것과 옆을 지날 순간만 잡을 수 있지, 망설이다 지나가고 나면 결코 되돌릴 수 없는 것입니다. 그러므로 새해에는 광음으로 흘러가는 시간(크로노스) 속에서 하나님께서 축복하시는 '카이로스'를 냉철하게 식별하여 꼭 붙잡도록 합시다! 아울러 나의 이익과 물질을 위해서만 시간을 악용, 남용, 과용하지 말고, 하나님과 이웃을 위해서 선용하는 값진 시간을 살아야 할 것입니다.

chapter 24

하나님의 율로기아가 있기를

헬라어, 세상을 말하다

"εὐλογία" (율로기아)

다사다난(多事多難)했던 지난해를 되돌아보면 유독 말이 많았던 한 해였던 것 같습니다. 좋은 말, 축복의 말보다는 부정적이고 나쁜 말들이 많았습니다. 말이란 좋은 말이 있고, 나쁜 말이 있으며, 꼭 해야 할 말이 있고 하지 말아야 할 말이 있는데, 새해에는 마알간 말이 많으면 좋겠습니다.

고대 헬라세계에도 말과 관계된 용어들이 많이 있었습니다. 그 중에 '축복', '찬양'으로 번역되는 '율로기아'(εὐλογία)가 있습니다. 신약성서에 16번 등장하는 율로기아의 어원은 '좋은'이라는 뜻의 'εὐ'

와 '말', '말하다'라는 의미인 'λογία'의 합성어입니다. 이 용어는 '율로게오'(eulogeo) 즉 '축복하다, 칭찬하다'라는 동사에서 기원한 것으로서, 좋은 말, 축복하는 말, 고상한 말, 칭찬, 찬사, 축도(benediction, bene=well + dicere=speak, 축복의 기도)라는 뜻입니다. 여기서 '로기아'(logia)는 우리가 잘 알고 있는 요한복음의 로고스(logos) 개념과도 매우 밀접한 연관이 있습니다. 고대 헬라철학에서 철학자들이 사용했던 로고스는 말, 논리, 이성, 법칙, 이치 등의 의미를 품고 있는 중요한 말입니다. 여기에서 파생된 용어가, '로기스모스'(logismos) 즉 '생각'입니다. 그래서 εὐ와 λογία가 합성이 되면 '일리가 있는'이라는 뜻이 됩니다. 좋은 말은 일리가 있게 마련이라는 뜻입니다.

퍽퍽하고 힘들었던 한 해. 그리스도교와 타종교 특히 불교와의 관계가 안 좋았던 한 해, 온갖 성폭력 문제로 서로 비방, 저주, 악담이 오갔던 한 해, 북한을 또 다시 적으로 간주하고 비방과 욕을 할 수밖에 없었던 참담한 한 해였습니다. 내년에는 우리나라뿐 아니라 온 세계에 좋은 말, 복된 말이 넘치는 한 해이기를 바랍니다. 그러기 위해서는 먼저 '좋은 생각'(eu+logismos, 율로기스모스)을 많이 해야겠습니다. 나쁜 생각, 부정적인 생각, 비관적인 생각, 편협된 생각, 포기하는 생각, 절망하는 생각이 아니라 좋은 생각을 하면 좋은 말이 나오지 않겠습니까? 그러면 이 세상은 '울로기아'(ou=아니다, 없다

+ logia=말)가 아니라 '율로기아'의 세계가 될 것입니다.

또한 새해에는 '율로고스'(eu+logos) 즉 일리(一理)가 있는 말을 많이 해야 할 것입니다. 모든 사람은 아닐지라도 적어도 대다수의 사람들이 "아, 그 말은 참 타당한 이치가 있구나!"하는 생각을 갖도록 노력해야 할 것입니다. 지금 한국교회는 많은 불신의 벽을 쌓고 있습니다. 교회가 교회로서의 명분과 타당성이 없는 말과 행동을 너무 많이 하기 때문에, 사람들로부터 호소력과 설득력을 잃어가는 공동체가 되고 말았습니다. 그러니 교회 역시 좋은 말을 듣지 못하는 것이 아닐까요? 좋은 말을 듣지 못하는 교회가 아무리 설교를 통해서 좋은 말(εὐλογία)을 한다고 한들 사람들은 입발림하는 소리로 들을 것이 뻔합니다.

옛말에 "세 살 먹은 아이 말도 귀담아 들으라"고 했습니다. 어린이가 하는 말일지라도 일리가 있기 때문입니다. 다시 말해서 세상의 말에 귀를 기울여 그 세상을 변화시키려고 노력하는 교회가 되어야 할 것입니다. 교회는 좋은 말, 칭찬, 찬사의 말로서 백성의 마을, 즉 온 마을, 온 동네를 행복하게 만드는 참 목적을 갖고 있습니다.

말은 늘 사람을 분리시키기도 하고, 화해시키기도 합니다. 기분을 좋게 하기도 하고, 나쁘게 하기도 합니다. 그러므로 새해에는 한국교회가 좋은 말, 칭찬하는 말, 찬사의 말, 축복의 말을 많이 하는 동시에 그런 소리를 들을 수 있어야 될 것입니다. 성직자의 축도(εὐλογία)는 하나님을 대신해서 성도들에게 좋은 말, 축복의 말을 해줌으로써 그들이 그 말을 안고 삶의 터전으로 돌아가 하나님의 은총으로 살아가도록 해야 할 것이며, 국가 지도자들의 좋은 말(εὐλογία)은 모든 백성들이 신바람 나게 살도록 해주어야 할 것입니다. 그것을 단지 유토피아라고만 할까요? 그렇지 않다면 우리 모든 그리스도인들이 그것을 위해서 기도하면 어떨까요? 새해에는 여러분 모두에게 '하나님의 가호'(εὐλογία)가 있기를!

chapter 25

카탈라게의 봄 오게 하소서!

"καταλλαγή"(카탈라게)

성서를 읽다보면 간혹 우리의 심장을 두근거리게 만드는 단어나 구절들이 눈에 띕니다. 이는 성령께서 그 말씀을 통해 우리를 감동시켜 신앙을 반성토록 하거나, 어느 경우에는 그 개념이 계속 우리 삶의 화두로 남아서 그렇게 살지 않으면 안 될 것 같은 중압감 때문일 수도 있습니다. 특히 고린도후서 5장 20절의 "너희는 하나님과 화목하라"는 구절에는 그리스도인의 마음에 항상 진중한 울림이 있습니다. 여기에서 주의해야 할 말은 '화목'이라는 개념입니다. 이 독특한 단어의 정확한 의미는 화목이라기보다 오히려 '화해'라고 번역하는 것이 헬라어 원문에 더 가깝습니다.

'화해'를 의미하는 헬라어 원어는 '카탈라게'(καταλλαγή)인데, 신약성서에서 사도 바울만 이 용어를 4번 사용하며(롬 5:11, 15; 고후 5:18, 19), 그 동사 '카탈라소'(katallasso)는 6번 사용됩니다(롬 5:10[2번]; 고전 7;11; 고후 5:18, 19, 20). 어원학적으로 '카탈라게'는 '완전히'라는 뜻의 'κατά'(kata)와 '바꾸다', '변화하다', '변경하다', '교환하다'는 뜻의 'ἀλλάσσω'(allasso)가 합성된 것입니다. 다시 말해 이 용어의 어원적 뜻은 '양자 간에 불편했던 관계가 어떤 대가를 서로 교환함으로 말미암아 완전히 변화되어 그 불편했던 관계가 다시 회복되는 것'을 의미합니다. 그래서 영어로는 'Reconciliation'입니다. 고대 그리스의 결혼문서들을 보면, 결혼한 부부의 별거를 '아팔라소'(apallasso)라 부르며, 그들이 다시 합친 화해를 '카탈라소'라고 기록했습니다. 이러한 전승을 따라서 바울은 고린도전서 7장 11절에서 별거한 아내는 "그 남편과 다시 화해하도록 하라(카탈라소)"고 권면하고 있는 것입니다.[17]

그러므로 사도 바울이 강조하는 화해란 "인간의 죄로 인해 하나님과 인간 사이의 되돌릴 수 없는 단절이 예수 그리스도의 십자가 대속을 통해 하나님께서 인간 및 세계와 완전히 다시 화해하셨다"는 뜻입니다. 즉 화해란 죄 많은 인간에 대한 하나님의 분노가 호의로 변해서 완전히 적의가 사라지는 것입니다. 이런 의미에서 화해란 분리에서 진정한 관계의 회복을 의미합니다. 우리의 반역은 예수 그리스도 안에서, 예수 그리스도를 통해서 완전히 극복되어집니다. 그리스도의 죽음으로 인간에 대한 하나님의 진노가 화해와 교환되어 궁극적으로는 죄가 제거되는 것입니다.

하나님께서는 친히 이 땅에 내려 오사 십자가의 찢기심으로 우리와 화해하셨습니다. 그 하나님께서 십자가상의 눈물로 아니 핏빛으로 오늘 "우리에게 '화해(카탈라게)'의 직분을 주셨습니다"(고후 5:18). 이처럼 예수 그리스도의 죽음을 통해서 인간에 대한 하나님의 분노가 사라지는 것이니, '서로 뜻이 맞고 정다움'을 뜻하는 '화목'(和睦)이라는 번역어보다 '싸움하던 것을 멈추고 서로 가지고 있던 안 좋은 감정을 풀어 없앰'이라는 뜻을 담고 있는 '화해'(和解)가 헬라어 원어에 더 적합하다고 할 수 있습니다. 따라서 앞으로는 교회의 신앙언어에서 화목보다는 화해로 바꿔서 표현하면 그 원문의 뉘앙스를 잘 살릴 수가 있을 것입니다.

아울러 우리 그리스도인이 정말 화해의 신앙에 걸맞은 지속적인 삶을 살아가고 있는지도 점검해야 할 것입니다. 만약 우리의 신앙생활 가운데 진정 이웃과 막힌 담이 있다면 예수 십자가를 생각하며 마음을 찢어, 억울함을 찢어, 물질을 찢어 서로 화해하는 신앙인이 되어야 할 것입니다. 그리스도인의 삶은 하나님과 세상 사이에 다리를 만드는 삶인 것입니다. 특별히 바울은 이러한 삶을 '화해의 직분'이라고 말하고 있습니다. 화해하는 그 행동 속에는 진정 예수 그리스도가 살아계십니다. 아니 하나님께서 친히 그 마음속에 좌정해 계시는 것입니다. 이것이 진정 화해의 역사입니다. 그러니 이웃과 '카탈라게' 하십시오! 하나님과 더불어 '카탈라게' 하십시오! 집단간, 계층간, 세대간, 성별간, 인종간, 정파간, 교파간 서로 분열과 대립, 그리고 갈등으로 얼룩져 있는 한국사회에 아픔보다는 하나님이 원하시는 거룩한 '카탈라게'(화해)의 손길이….

유달리 추웠던 겨울, 그 동장군이 물러가기만을 손꼽아 기다리는 우리가 벌써 입춘(立春)을 지냈습니다. 입춘이 되면서 집집마다 입춘대길(立春大吉)이라고 써 붙인 곳이 많이 눈에 띕니다. 그와 같이 좋은 글귀를 써서 대문이나 문지방에 붙인 것을 입춘방(立春榜) 혹은 입춘서(立春書)라고 부릅니다. 그렇다면 우리 그리스도인에게 봄을 맞이하는 마음을 무엇으로 표현하면 좋을까? 화가여생(禍家餘生) 하지 말고 화이부동(和而不同) 하면서 화풍난양(和風暖陽)을 기원해야 할 것입니다.[18] 항상 선거철이 되면 이 정당 저 정당, 이 사람 저 사람 어느 쪽을 찍어줄까 고민이 됩니다. 무엇보다 갈등과 긴장으로 정치경제적 피로감이 오지랖도 쌓인 한국사회를 화해의 무드

로 이끌 수 있는 인물을 뽑으면 어떨까요? 보선이 벌써부터 걱정입
니다.

chapter 26

시험에 들게 하지 마옵소서!

헬라어, 세상을 말하다

"πειρασμός"(페이라스모스)

우리는 살아가면서 수많은 시험과 마주하게 됩니다. 그런데 시험은 항상 양면성이 있어 긍정적으로 작용할 때도 있지만 때로는 부정적이기도 합니다. 긍정적인 측면에서 본다면 시험에 통과하여 자신이 원하는 목적이나 결과를 성취할 수 있지만, 부정적으로 시험이란 매우 심각한 인생의 좌절을 경험케 할 수도 있습니다.

신약성서에는 '시험'을 뜻하는 두 종류의 헬라어 단어가 나타납니다. 우리말 성경에 이 두 단어가 똑같이 '시험하다'로 번역되지만 그 미묘한 뉘앙스의 차이를 인식하는 것은 중요한 일입니다. 하지만 이 두 개의 개념이 춘란추국(春蘭秋菊)이여서 구별하기가 참으로 어렵습니다. 그 하나는 "δοκιμάζω"(도키마조, 신약성서에 22번 등장)의 시험이 있습니다. 고전헬라어에서 이 용어는 '분별하다', '시험하다', '시험에 합격하다', '시험하여 인증하다'라는 뜻을 갖고 있으며, 어떤 사람이나 사물을 인정할 목적으로 시험하는 행위를 말합니다. 신약성서에서 이 단어는 어떤 시험이 승리로 입증되는 경우에 늘 사용되었습니다. 시험을 받아도 그 결과는 그것을 극복하고 승리를 하게 될 것이라는 소망과 기대에 차있는 것을 일컫는 말이었습니다 (고후 13:5; 엡 5:10; 딤전 3:10; 참조, 고전 11:28; 갈 6:4). 그래서 '도키마조'는 일반적으로 하나님에게 적용되며, 사탄에게는 사용되지 않습니다. 왜냐하면 사탄은 누구를 인정하기 위해 시험하는 일이 결코 없기 때문입니다.

또 다른 하나는 "πειράζω"(페이라조, 신약성서에 38번 등장)의 시험이 있는데, '시험하다', '의도적으로 시험해 보다', '죄를 짓도록 유혹하다', '시험하여 미혹에 빠뜨리다'라는 뜻을 갖고 있으며, 그 명사는 'πειρασμός'(페이라스모스, 신약 21번 등장)입니다. 전자와는 달리 이 용어는 부정적인 의미, 즉 어떤 사람을 좌절시키고 실패하게 만들려는 의도나 기대를 가지고 시험한다는 의미로 주로 사용되었습니다. 따라서 이 단어는 당연히 사탄의 유혹과 관련되어 나타납니다. 예수님께서 세례를 받으신 후에 광야에서 사탄에게 시험을 받으셨다 (πειράζω)는 것이 마귀의 유혹이었던 것입니다(마 4:1, 3; 막 1:13; 눅 4:2, 13). 그러나 예수님께서는 그 시험을 하늘 권능으로 통과하시고 온 인류의 주님이 되셨습니다.

해마다 3월이면 우리는 교회력으로 예수님의 고난과 죽음, 그리고 부활을 기념하는 이른바 사순절의 거룩한 시간을 보내게 됩니다. 사순절 기간에는 자신이 좋아하는 음식이나 하고 싶은 욕구를 절제하며 예수님의 고난에 동참하는 시간들을 갖습니다. 그럴 때마다 사탄은 예수님과 더 친밀히 교통하려는 우리의 신앙을 좌절시키기 위해서 달콤한 유혹으로 우리를 시험합니다. 사탄으로부터 오는 시험은 매우 매력적이어서 우리의 삶과 신앙 의지를 실패하게 만드는 유혹입니다. 그 목적은 당연히 우리가 악을 행하도록 이끕니다. 그렇지만 이러한 시험을 통과해야만 하는 것 또한 그리스도인의 신앙성장 과정인 것입니다.

당송 팔대가의 한 사람으로 꼽히는 왕안석(1021-1086)은 이런 시를 읊었습니다. 牆角數枝梅(장각수지매)/ 凌寒獨自開(능한독자개)/ 遙知不是雪(요지부시설)/ 爲有暗香來(위유암향래). "담 모퉁이의 매화 가지들/ 추위를 이기고 홀로 피었네/ 멀리서도 눈꽃이 아님을 알겠나니/ 그윽한 향기가 풍겨오누나." 이것은 엄동설한 속에서도 매서운 추위에 굴하지 않고 은은한 향기를 발하며 꽃을 피우는 매화의 절개를 노래한 시입니다. 마찬가지로 세상이 온갖 시험과 유혹을 통해 풍파에 찌든 우리에게 실패와 좌절을 안겨주려고 할지언정 그리스도인으로서의 고고한 자태는 늘 잃지 말아야 할 것입니다.

사순절 기간에 우리는 무엇을 기도하면서, 무엇을 절제하면서, 또 무엇을 다짐하면서 예수님의 고난에 동참하고 있습니까? 매번 찾아오는 시험과 유혹들 앞에서 무너지는 자신의 모습을 추스르고 옛날 신앙의 선배들이 그랬던 것처럼, 육식을 피하거나 내가 흙에서 왔으니 흙으로 돌아간다는 사실을 깨닫고 겸손한 자세와 경건한 마음으로 이 시기를 보내면 좋겠습니다. 또한 梅一生寒不賣香(매일생한불매향)이라고 했습니다. "매화는 일생을 추위에 떨며 살아도 그 향기를 팔지 않는다"는 말입니다. 이 험난한 세상을 살아가면서 아무리 가혹한 '페이라스모스'(시험)가 닥쳐온다 하여도 그리스도인의 고귀한 향기는 변함이 없어야 할 것입니다. 그것을 확인하는 사순절이 되기를 기도드립니다.

chapter 27

생명의 스테파노스를 주리라

헬라어, 세상을 말하다

"στέφανος"(스테파노스)

얼마 전 매스컴에서 컬링세계선수권대회에 출전한 여자 선수들이 우리나라 역사상 첫 4강에 진출했다는 소식이 있었습니다. 그간에 선수들은 컬링에서 우승하기 위해서 출산을 미루고 연습에 몰입했을 정도였고, 전용 경기장이 없어 서로 돈을 모아 연습장을 빌려서 훈련을 해왔습니다. 더구나 얼음판에서 컬링 경기를 위해서 신는 전용 신발이 없어서 일반 운동화 바닥에 본드로 아크릴판을 붙이고 경기에 임했다고 하니 그들의 승리에 대한 열망은 가히 짐작하고도 남습니다. 앞으로 더욱 선전하여 괄시 받고 설움 받은 그 선수들의 흘린 땀방울들이 언젠가 꼭 결실을 맺어 우승의 면류관을 받았으면

하는 마음이 간절합니다.

신약성서에는 '면류관'을 뜻하는 두 종류의 헬라어 단어가 나타납니다. 우리말 성경에는 이 두 단어가 동일하게 '면류관'으로 번역되지만, 그 미묘한 뉘앙스의 차이를 살리지 못하면 하나님의 말씀이 살아서 역동하는 그 달고 오묘한 맛의 신비를 느끼지 못하게 됩니다. 그래서 구별된 헬라어 원어처럼 번역에서도 서로 구별되어야 마땅합니다.

그 하나는 단지 계시록에만 3번 등장하는 '디아데마'($\delta\iota\acute{\alpha}\delta\eta\mu\alpha$, 12:3, 13:1, 19:12)라는 용어이며, 이 말로부터 영어의 'diadem'(왕관)이 파생되었습니다. 디아데마는 '둘레를 동여매다'라는 의미의 동사에서 유래하는데, 페르시아의 왕들이 터어번(turban: 인도 등에서 남자가 머리에 감는 두건)이나 티아라(tiara: 옛 페르시아 사람의 두건) 위에 묶어서 사용했던 흰색으로 표시된 파란 리본띠를 가리키는 말이었습니다. 이것은 왕의 머리에 사용되는 장식품이었기 때문에 왕권이나 권력을 상징했습니다. 때때로 하나 이상의 디아데마(왕관)가 동시에 씌워지곤 했습니다. 이집트의 왕 프톨레미가 안디옥에서 승리의 개선을 했을 때 그는 그의 머리 위에 두 디아데마를 썼는데, 한 디아데마는 아시아에 대한 그의 주권을 보여 주는 것이었고, 다른 디아데마는 이집트에 대한 그의 왕권을 의미하는 것이었습니다(마카비 상 11:13). 계시록에서도 예수님은 머리 위에 많은 디아데마를(19:12), 사탄은 일곱 디아데마를(12:3), 적그리스도는 열 개의 디아데마를 (13:1) 쓰고 있습니다. 그러나 이 디아데마는 성도들에게는 적용되는 것이 아니라 오직 하늘 권세를 소유하신 예수님이나 어둠의 권세를 가진 사탄 또한 적그리스도에게만 사용되는 전문용어입니다.

면류관으로 번역되는 또 다른 헬라어 단어는 이른바 '스테파노스'(στέφανος, 신약성서에 25번 등장)입니다. 고대 지중해 세계에서도 운동경기자들에게 주는 면류관이 있었습니다. 올림픽 경기에서 우승을 한 승리자들, 즉 골인지점을 제일 먼저 통과한 달리기 주자와 원반이나 창을 가장 멀리 던진 선수, 그리고 상대방을 제압한 레슬링 선수에게 주어지는 면류관이었습니다. 이러한 이유로 '스테파노스'는 승리의 표상이었고, 가치 있는 명예의 상징이었으며, 축제와 기쁨의 상징이었습니다. 이 면류관은 올리브, 월계수, 셀러리, 솔잎 등을 그 가지와 함께 엮어 만든 관이었습니다. 이것이 교회의 언어로 변천되어서 '스테파노스'는 구원의 믿음을 지킨 순교자들에게 주어지는 영광의 면류관(벧전 5:4), 시험을 견디는 자에게 주어지는 생명의 면류관(약 1:12, 계 2:10), 그리고 의의 면류관(딤후 4:8), 자랑의 면류관(살전 2:19), 기쁨의 면류관(빌 4:1) 등의 의미로 사용되었습니다.

최초 그리스도교 순교자의 이름인 스데반 역시 이 '스테파노스'에서 유래되었습니다.

그렇지만 무엇보다 예수님의 수난을 기억하는 고난주간에 우리가 되새겨야 할 또 하나의 면류관은 바로 로마 군병들이 예수님의 머리 위에 씌운 '가시 스테파노스'입니다(마 27:29; 막 15:17; 요 19:2, 5). 그의 면류관은 외관상 패배한 것 같이 보이지만 실상은 이미 사탄을 이기신 주님을 위하여 예비된 승리자의 면류관이었습니다. 공자는 자신의 제자인 안회(顔回)[19]를 가리키며 "한 대광주리의 밥과 한 표주박의 물을 마시며 좁고 누추한 거리에 사는 것을 다른 사람들은 시름겨워하거늘, 안회는 그 속에서도 즐거움을 고치지 않는구나"라고 칭찬했다고 합니다. 여기서 유래한 말이 단표누항(簞瓢陋巷)입니다. 이 말의 뜻은 누추한 거리에서 먹는 대바구니의 밥과 표주박의 물이라는 뜻으로, 소박한 시골 살림 또는 청빈한 선비의 살림을 비유적으로 이르는 말입니다.

거룩한 한 주간이라도 교회는 인류의 구원을 위해 가시면류관을 쓰시고 십자가의 수난을 감내하신 예수 그리스도를 닮도록 고뇌의 시간을 가져야 할 것입니다. 그분의 생애는 단표누항의 삶이었고, 그 절정은 가시면류관이었습니다. 이처럼 면류관은 인간이 어떠한 환경과 상황에서도 예수님처럼 신앙의 근원적 비약을 이루게 될 때 부여받는 것이라는 점을 명심해야 합니다. 자칫 그 면류관을 받기 위해서 신앙의 도약을 시도하는 것이라면 번지수를 잘못 짚은 것입니다. 그런 의미에서 면류관이 신앙의 걸림돌이 되어서는 안 될 것입니다. 면류관은 신앙의 자발성, 곧 예수 따름이로 살다보니 자연스럽게 받게 되는 보상입니다. 그러니 거룩한 고난주간에 예수를 믿는 청아한 신앙의 숨결을 따라서 그분의 가시면류관을 깊이 사색하는 시간을 갖기를 바랍니다. 오늘도 분주하게 교회문턱만을 아른거리는 우리를 향해 가시 '스테파누스'를 쓰신 십자가상의 주님께서 또다시 말씀하십니다. "죽도록 충성하라 그리하면 내가 생명의 '스테파노스'를 주리라!"

chapter 28

지금 우리를 구원하소서!

헬라어, 세상을 말하다

"σωτήρ"(소테르)

우리는 그리스도의 수난과 죽음을 기억하며 절제와 금욕의 신앙적인 결의를 다지는 사순절을 보내고 있습니다. 이번 사순절 기간에 일본의 대재앙으로부터 깨닫는 것은 궁극적으로 인류를 구원할 존재는 과학기술문명이나 한 치 앞도 내다보지 못하는 인간의 오만한 이성이 아니라 오직 하나님 한 분뿐이라는 사실입니다.

일반적으로 신약성서에서 말하는 구원은 죄로부터 벗어나 영원한 세계로 들어가는 것을 의미합니다. 그런데 고대 세계에서 '구원자' 혹은 '구세주'를 뜻하는 "σωτήρ"(소테르)는 질병, 전쟁, 사고 등

세속의 악으로부터 구해주는 존재라는 의미를 가지고 있었습니다. 그리스 철학에서도 구원자와 연관된 구원(soteria)이라는 말이 플라톤(Platon)의 문헌에서 자주 등장합니다. 예컨대『법률』,『크리톤』,『편지들』등에서 '소테리아'는 '안녕'(安寧), '안정'(安定)을 가리키는 말입니다. 보다 구체적으로 통치자의 덕(탁월함)에 따른 정치적인 왕권의 안정이나 신이 가져다주는 안녕을 나타냈던 것입니다.

　　더 나아가서 로마제국이 지중해 세계를 지배하던 1세기에는 로마 황제 시저가 전쟁을 종식시키고 온 세계에 평화와 구원을 가져다준 진정한 구세주(σωτήρ)라는 '시저의 복음'(the gospel of Caesar) 이데올로기가 지중해 세계와 로마 대도시(고린도, 빌립보, 데살로니가, 에베소, 안디옥 등)마다 널리 보급되어 있었습니다. 제1대 로마 황제인 아우구스투스(BC 27~AD 14 통치)는 로마 최고의 신 주피터의 신적 대리자이며, 그의 후계자 황제들도 지상의 신적 대행자로서 온 세계를 통치한다는 이데올로기를 선전하였습니다. 그 결과 그 당시 사람들은 로마 황제가 인간으로서 신성을 가지고 있는 주(lord)이며 신이라는 황제숭배사상을 믿었습니다. 소아시아 백성들은 그들의 구원자인 로마의 황제에게 경의를 표하기 위해 황제의 신전과 사원을 건축하였을 뿐만 아니라, 황제 구세주를 경축하기 위한 축제들과 시저 국제경기대회(Ceasar Games)를 그들의 도시에 정기적으로 개최

하였습니다.[20]

　이와 같은 고대 철학적 개념과 로마 제국의 황제숭배 선전 용어들인 믿음(pistis, 신약성서에 243번 등장), 구세주(soter, 신약성서에 24번 등장), 주(kyrios, 신약성서에 717번 등장), 재림(parousia, 신약성서에 24번 등장) 등을 차용한 신약성서 저자들은 그 당시 지중해 사람들에게 오직 예수 그리스도만이 유일한 하나님의 아들이며 그분만이 인류를 구원할 수 있다는 복음의 역동성을 선포했던 것입니다. 특히 사도 바울은 빌립보서 2:9-11에서 당시 신성을 갖고 있다는 황제를 비롯하여 모든 사람들은 예수를 구주로 고백해야 한다고 선언하고 있습니다. 실제로 예수 그리스도는 모든 병을 치료하고 귀신들린 사람을 구원했으니 영적인 구세주, 세계의 구원자였던 것입니다.

　인류는 이번 일본의 대지진을 통해서 과학기술에 대한 맹신이 아니라 건강하고 깨어 있는 이성과 영성을 회복하는 기회로 삼아야 할 것입니다. 그럼에도 일본을 비롯하여 세계는 원자력 핵에너지에 대한 좀 더 근본적이고 근원적인 반성보다는 근시안적 미봉책만을 발표하고 있는 것이 아닌가 하는 생각이 듭니다. 과학기술이라는 계산적, 논리적, 추론적 사유만이 아니라 인간의 내면의 세계, 영적인 세계에 대해서 눈을 뜨고 좀 더 겸허한 자기 자신과 세계를 발견하는 기회로 삼아야 합니다. 인간의 안정된 삶과 영육의 안녕은 결국 과학기술이나 물질적 풍요가 가져다주는 것이 아니라는 것을 뼈저리게 인식해야만 합니다. 이번 사태를 지켜보면서 인간의 질병과 사고로부터 지켜줄 수 있는 분은 오로지 하나님밖에 없다는 신앙을 독려하게 만듭니다.

사실 일본의 대참사는 환경재앙이 아닙니다. 하지만 자연재앙이 대규모의 환경재앙으로 이어질게 뻔하지 않았습니까? 이미 방사능은 유출된 상태이고, 우리는 더 이상의 피해가 나오지 않기를 바라며 기도할 뿐입니다. 이러한 대자연의 엄청난 힘을 경험할수록 오히려 우리는 하나님 앞에서 정말 나약하기 짝이 없는 존재임을 겸허하게 인식합니다. 우리를 구원해 달라는 간절한 기도 이외에 무엇이 있겠습니까?

이 사순절 기간이 "주여, 인류를 죄악에서 구원하소서!" "당신만이 진정한 구세주(σωτήρ) 입니다!"라고 고백하는 절기가 되어야 할 것입니다. 아울러 수마(水魔, 쓰나미)와 화마(火魔, 원자력 핵방사능 유출)로 찢겨지고 상처 난 일본 열도에 사는 많은 이들에게도 하나님의 구원이 임하기를 진심으로 기도해야 할 것입니다.

chapter 29

밥티스마와 새 생명의 신비

헬라어, 세상을 말하다

"βάπτισμα" (밥티스마)

이번 장마는 여느 해보다도 일찍 시작되었고 이곳저곳에서 물난리로 어려움을 겪었습니다. 이렇듯 물이란 평상시에 우리 실생활에서도, 그리고 70%가 물로 구성되어 있는 우리 몸에서도 없어서는 안 될 중요한 음료이지만 과유불급(過猶不及), 너무 많은 물은 인간에게 감당하지 못할 피해를 주는 것입니다.

사막과도 같은 고대 팔레스틴 지역에서는 물이 귀하디귀했을 것입니다. 이스라엘 선민들은 그 귀한 물로 정결례를 치루기도 하고, 손님을 맞이할 때 손과 발을 깨끗이 씻도록 하였습니다. 고대근

동에서 물은 정화와 생명의 상징으로, 새로 태어남과 재생의 의미를 갖습니다. 물과 연관하여 유대교나 그리스도교 전통에서 중요한 성례전이 바로 '세례의식'이었습니다.

어원적으로 '세례'를 뜻하는 헬라어 "βάπτισμα"(밥티스마, 신약성서에 19번 등장)는 '담그다'(dip) 혹은 '침수하다'(immerse)는 동사 'βαπτίζω'(밥티조, 신약성서에 77번 등장)에서 나온 말인데, 세례는 온몸을 물속에 잠그는 침례(浸禮)예식이었지만 나중에는 단지 씻는 행위 자체에 경건한 의미를 부여하는 의식으로 변하게 되었습니다.

일반적으로 세례는 구약의 정결례(레 15:5, 8, 13, 16; 사 1:16)에서 기원하였습니다. 1세기 당시의 유대교 역시 율법과 전통에 기록된 'Mikvah'(미크바, 목욕의식)라는 거룩한 정결예식에 익숙해 있었습니다. 예를 들어 유대인이 죽은 시체를 만져서 모세의 율법에 의해 부정하게 되었을 때 Mikvah를 통해서 의식적으로 정결케 된 후에만 비로소 성전예배에 참여할 수 있었습니다. 유대광야에서 집단 종교 생활을 했던 쿰란공동체에도 물로 씻는 세례예식이 있었습니다. 이 종파의 '밥티스마'는 종말론적 심판을 준비하는 절차로서 죄를 고백하고 정결을 위해 매일 몸을 씻는 목욕의식이었습니다. 이와는 달리 당시 정통파 유대교에서는 유대인이 같은 종족에게 '밥티스마'를 베풀지는 않았습니다. 다만 비유대인이 유대인이 되고자 할 때 입교의 절차로, 혹은 이방인이 유대교로 개종할 때에 개종 세례를 베풀었습니다. 이방인에게 행하는 이 예식은 이방인을 물 가운데 세우고 율법을 읽어준 후에 축도를 하고 저주스럽고 더러운 이방인의 삶을 깨끗이 청산한다는 의미에서 그의 전신을 물속에 잠기게 한 후에 올라오게 했습니다. 이처럼 '미크바'라고 부르는 유대교의 이 세례의식은 '정화와 회복'이 목적이었습니다.

세례 요한 역시 광야 요단강에서 물로 세례를 베풀었습니다. 그러나 그의 세례는 "죄사함을 얻게 하는 회개의 밥티스마"(눅 3:3)였는데, 죄를 회개하게 하는 데 그 목적이 있었습니다. 세례 요한과 쿰란 종파가 물로 씻는 세례의식인 점은 유사하지만, 요한의 세례는 회개하는 사람의 일생에 단 한 번 행해지는 세례였다는 점에서 분명한 차이가 있습니다. 요한의 세례는 쿰란종파나 정통 유대교와는 달리 회개나 죄사함 등의 근본적인 내면적, 윤리적 변화와 연관되어 있습니다. 특히 요한은 모든 사람들이 하나님의 새로운 백성이 되기 위해서 종말론적인 세례를 받아야 한다고 가르쳤습니다. 여기에서 우리는 요한의 세례가 오실 메시아에 대한 약속의 표시라는 것을 기억할 필요가 있습니다.

초기 그리스도교 공동체는 세례 요한의 세례를 받아들여 물에 담그거나 씻어서 베푸는 거룩한 의식으로 발전시켰습니다. '죄를 씻어줌', '완전히 새롭게 됨', '삶이 온전히 변화됨' 등의 의미를 나타내는 교회의 '밥티스마'는 그리스도를 주로 고백하는 사람들이 그리스도와 함께 죄에 대해 죽고 예수 그리스도의 새 생명으로 다시 태어나서(롬 6:35) 그리스도와 연합함(갈 3:26~27)을 상징하는 교회공동체의 입문의식이 되었던 것입니다.

여름 수련회가 다가오고 있습니다. 그야말로 교회로서는 가장 바쁜 시기가 아닐 수 없습니다. 그럼에도 잊지 말아야 할 것은 들로 산으로, 혹은 물가로 갈 때에 물은 생명의 근원이고 그리스도교에 있어서 새로운 존재로 변화되는 거듭남을 상징한다는 사실입니다. 비록 교회가 일반적으로 봄(부활절)과 겨울(성탄절) 1년의 두 차례 정도 세례예식을 거행하지만, 예수를 구주로 영접하는 사람이 세례 받기에 충분하다면 항상 세례를 베푸는 것도 좋은 일입니다.

그런 의미에서 이번 수련회에 장마로 인해 넘치는 물 가운데서 새신자를 위한 초대교회의 세례식을 한번 베풀어 보는 것은 어떨까요? 그야말로 모두에게 잊히지 않을 축하의 자리가 되지 않겠습니까? 세례를 받는 새신자에게 있어서는 새 생명으로 거듭났다는 보다 현실적인 감각적 체험을, 그곳에 동참하는 모든 신자들에게는 자신이 받았던 세례를 다시 기억하고 새로운 마음을 다지는 신앙의 현장이 될 것입니다. 아울러 특별히 기도로 무장하여 성령세례도 듬뿍 함께 받아 새 생명의 신비를 만끽하는 시원한 여름이 되었으면 좋겠습니다.

chapter 30

코스모스에서 하나님의 향기를 느끼다

헬라어, 세상을 말하다

"κόσμος"(코스모스)

"코스모스 한들한들 피어 있는 길 향기로운 가을 길을 걸어갑니다 ~~" 정겨운 가요의 노랫말이 절로 흥얼거려지는 가을의 문턱입니다. 여느 해와는 달리 늦더위가 기승을 부리고 있지만 길거리를 지나다니다 보면 가을의 여왕, 코스모스가 아름답게 핀 것을 볼 수 있습니다. 살가운 가을을 알리는 자연의 몸짓인 것입니다.

코스모스의 전설에 따르면, 옛날도 아주 먼 옛날 이 세상을 창조한 신이 우주를 더욱 아름답게 가꾸기 위해 꽃을 만들기로 결심하고 이 세상에 제일 처음 만든 꽃이 바로 코스모스라고 합니다. 이렇게 가을을 여는 꽃 코스모스는 고대 헬라어 "κόσμος"(코스모스)에서 유래하며, 이 용어의 사전적 의미는 '카오스'(chaos, 혼돈)와 대립되는 '우주', '세상', '질서', '조화'입니다.

신약성서에도 '코스모스'라는 말은 186번 등장하는데, 우리가 잘 아는 요한복음 3장 16절이 대표적인 구절입니다. "하나님이 세상을 이처럼 사랑하사"에서 '세상'이 바로 헬라어 원어로 '코스모스'(κόσμος)인 것입니다. 이 단어의 개념을 좀 더 거슬러 올라가 보면 우리는 플라톤의 철학과 만나게 됩니다. 『티마이오스』의 우주생성론 편에서 플라톤은 가장 위대하고, 가장 아름답고, 가장 완벽하게 가장 최선의 것으로 탄생된 것이 바로 우주(κόσμος)라고 선언하고 있습니다. 그에 의하면, 이 우주의 창조자인 데미우르고스(demiourgos)는 만물의 아버지, 불완전한 것을 완전하게 변형시키는 자, 지성(nous)의 화신, 선의의 신으로 불리며, 게다가 그는 무엇을 창조하든 '좋음(善)'을 실현하는 자입니다.[21]

그런데 플라톤이 생각하는 우주는 필연과 지성이 결합한 산물입니다. 더 나아가서 우주의 궁극적인 원인을 '좋음(善)의 이데아'로 보았으며, 그 우주를 수적인 비례(logos), 척도, 균형에서 최고의 조화로운 것으로 인식하였습니다. 이 우주의 조화와 아름다움에 대해 플라톤은 『티마이오스』의 마지막에서 다음과 같이 장문으로 설명을 하고 있습니다. "죽게 마련인 생물들과 불사의 생명체들을 받아 이처럼 가득 차게 된 이 우주(kosmos)는 눈에 보이는 생명체들을 에워싸고 있는 살아 있는 것이며, 지성에 의해서만 알 수 있는 모상(eikon)이요, 지각될 수 있는 신이고 지극히 위대하고 최선의 것이며, 가장 아름답고, 가장 완벽한 것으로 탄생된 유일한 천구(ouranos)이다." 또 다른 곳에서 그는 우주가 존재하는 것들 중 가장 아름다운 이유는 이를 만들어낸 자가 모든 원인들 중에 가장 훌륭하기 때문이라고 말합니다. 신은 모든 것이 훌륭하기를 바라며 가능한 한 어떤 것도 볼품없기를 바라지 않는다고 말합니다.

비록 학자들이 요한복음 3장 16절과 창세기의 우주 창조 이야기를 플라톤의 창조론과 비교하여 그 유사성과 고대철학의 영향을 찾지만, 여기에는 신약성서나 교부 신학자들과 결정적으로 다른 점이 있습니다. 플라톤의 창조론에서 데미우르고스는 유[질료]에서 유를 만들어낸다고 주장하는 반면에, 성서의 하나님께서는 무에서 유를 창조하셨다(creatio ex nihilo)고 선포하고 있기 때문입니다.

가을 문턱에서 필자가 가장 좋아하는 꽃인 코스모스의 어의가 상징(질서, 조화, 균형)하듯이, 이 꽃은 혼돈과 무질서(카오스)에 빠진

현대인의 삶과 신앙을 다소곳이 묵상하게 해줍니다. 무더웠던 여름으로 흔들리기 쉬운 가을 초입에 신앙의 균형과 삶의 조화를 찾게 해주고, 인생을 차분하게 되돌아보게 해줍니다. 우리나라에서 코스모스는 '살살이꽃'으로 알려져 있습니다. 바람이 불 때마다 한들한들 거려서 그런 것인지, 아니면 그것이 정말 살살거리는 듯해서 붙여진 이름인지는 모르겠습니다. 야생화 같이 여름 막바지를 아무 생각 없이 지나다보면 놓치기 쉬운 꽃이지만 가만히 들여다봅니다. 꽃술을 중심으로 조화롭게 뻗어 나온 꽃잎을. 그곳에 아름다운 우주가 들어앉아 있는 것 같지 않나요? 아니 창조주 하나님의 선하고 아름다운 마음이 드러나지 않나요? 그러니 이참에 산길을 들길을 따라 흐드러지게 피어 있는 코스모스를 보면서 자연묵상을 해보는 것은 어떨까요? 코스모스의 꽃말이 순결(흰색), 소녀의 애정(분홍색)이라고 하니, 가련해 보이는 초록색 줄기 위에 얹혀 있는 둥그스름한 색색의 꽃이 신앙의 신비를 더해 줄 것입니다.

마르틴 루터! 그대 영원한 생명을 만나다

헬라어, 세상을 말하다

"ζωή" (조에)

1517년 10월의 마지막 날, 유럽대륙에서는 교회의 생명이 새롭게 터져 나왔습니다. 마르틴 루터(Martin Luther)가 교회의 부패와 타락을 쇄신하기 위해 95개조의 반박문을 비텐베르크 대성당에 붙임으로써 개신교 대역사의 막을 올린 것입니다. 루터가 당시 가톨릭교회의 면죄부 판매에 반대하여 참된 교회의 모습을 외칠 수 있었던 배경에는 바로 로마서 1장 17절의 이신득의(以信得義) 즉 "오직 의인은 믿음으로 말미암아 살리라"(Ὁ δὲ δίκαιος ἐκ πίστεως ζήσεται)라는 말씀이 그의 삶을 통째로 바꾸어 놓았기 때문입니다. 해마다 10월 종교개혁을 기념하며 교회강단은 이 텍스트에서 '의인'과 '믿음'이라는 부분을 강조하여 설교를 하게 됩니다. 하지만 그 문장 전체를 두드러지게 하는 맨 마지막의 동사, '살리라'라는 말에 초점을 거의 두지 않습니다. 그러나 이 종교개혁 모토의 문장에서 핵심은 세 가지 단어 즉 의인, 믿음, 그리고 생명(살리라)입니다.

헬라어에는 생명을 나타내는 단어가 'ζωή'라는 명사 이외에 'βίος'라는 또 다른 명사가 있습니다. 전자의 개념은 하나님께서 주신 우주적인 생명, 성스러운 생명, 신적 생명을 가리키는 반면에, 후자는 육체적 생명, 세속적인 생명, 유한한 생명을 일컫습니다. 루터가 깨우친 생명은 바로 '살리다'(ζήσεται)라는 뜻을 가진 원형동사 ζάω와 파생명사 ζωή인 것입니다. 그는 중세의 암울한 교회 현실 속에서도 하나님께서 주시는 영원한 생명의 신비를 느꼈고, 그것이 그리스도인의 목숨을 살게 하며 그 생명을 하나님으로부터 나누어 받았다는 것을 절실하게 깨달았습니다. 생물학적으로, 육체적으로 목숨이 붙어 있는 게 중요한 것이 아니라, 의인은 하나님께서 나누어주신 영원으로 산다는 것을 알았던 것입니다. 이처럼, 이번 종교 개혁주일에는 의인은 믿음으로 말미암아 살되, 무엇보다도 하나님의 신비로운 신적 생명, "모든 사람들이 죽게 될 사망을 넘어선 생명"(James G. Dunn)으로 산다는 것을 새롭게 인식하는 날이 되기를 바랍니다.

 헬라어,
세상을 말하다

chapter 32

토사구팽과 교회생활의 원리

헬라어, 세상을 말하다

"διακονία"(디아코니아)

그 옛날 추운 겨울, 눈이 온 다음에는 토끼를 잡기에 제격이었습니다. 토끼를 잡으려고 할 때는 아래에서 위로 모는 것이 아니라, 위에서 아래로 몰아야 토끼를 잡을 수가 있습니다. 토끼는 뒷다리가 긴 반면에 앞다리는 짧은 동물이기 때문에 비탈이 심한 산에서는 내리뛰기가 어렵습니다. 우리 교회는 어떤 모습으로 뛰어가야 할까요? 요즈음 교회가 비난의 도마 위에 올라서 있습니다. 여러 가지 이유가 있겠지만 스스로의 잘못 때문이라는 지적에 할 말이 없습니다. 아마도 그것은 성서에 나와 있는 대로 세상을 향한 교회의 봉사와 사랑이라는 본질이 퇴색되고 있기 때문일 것입니다.

‘봉사’나 ‘섬김’을 의미하는 헬라어는 ‘디아코니아’(διακονία, 신약성경에 34번 등장)입니다. 앞서 말한 것처럼, 이 단어는 ‘이웃을 향한 봉사’라는 뜻을 가지고 있습니다. 마태복음에는 작은 자를 위해 교회가 봉사하고 섬겨야 한다고 말합니다(마 10:42, 25:40). 여기에서 파생된 용어가 집사(디아코노스, διάκονος)라는 교회의 직분입니다. 그 최초의 집사 임명식이 사도행전 6장에 기록되어 있습니다. 7명의 집사는 말 그대로 ‘다른 사람의 명령을 수행하는 사람’, ‘조수’, ‘종’을 일컫습니다. 특히 로마서 16장 1-2절에는 이 ‘디아코노스’가 ‘일꾼’으로 번역이 되는데, 그 등장인물이 뵈뵈(Phoibe)라는 여성입니다. 그녀의 이름이 그리스 신화에 종종 나오는 것으로 볼 때 그녀가 이방인이었을 가능성을 암시합니다. 이때 ‘디아코노스’ 즉 일꾼은 때에 따라서 여성명사 혹은 남성명사로 쓰이는데, ‘사역자’, ‘섬기는 자’, ‘식탁에서 시중드는 자’, ‘집사’ 등을 나타냅니다. 그렇다면 뵈뵈는 단순한 여집사 정도가 아니라 교회의 모범된 일꾼, 책임자, 교회의 든든한 후견인, 이웃 사랑의 선봉에 서는 여장부로 보아야 할 것입니다. 물론 학자들 중에는 ‘디아코노스’가 제도화된 교회의 한 직책으로서 집사(deacon) 혹은 여집사(deaconess)로 정착된 것은 비교적 후대의 일이었을 것(딤전 3:8-13 참조)이라고 주장하기도 합니다.

그러고 보면 오늘날 한국교회 내에는 (여)집사 직분을 갖고 있는 분들이 많이 있습니다. 일을 좀 한다 싶으면 집사님입니다. 그런데 그들이 교회 내외에서 단순 봉사나 허드렛일을 하는 정도에 지나지 않는 신자로 여기면 안 됩니다. 성서에 나와 있는 대로, 그리고 초대교회 전통에서는 집사를 성직의 직제(副祭나 輔祭)로 여길 만큼 대단한 봉사와 섬김을 하던 직분이었음을 상기해야 할 것입니다. 또한 집사라는 직분을 가진 신자들은 그에 걸맞게 하나님과 교회를 섬기고 봉사하는 목회자의 보조 사역자의 몫을 톡톡히 감당해야 합니다.

수많은 그리스도인들 중에서도 집사라는 직분이 갖는 참다운 의미는 섬김과 봉사를 실천하면서 사랑을 드러내는 성도의 모습이라 하겠습니다. 그렇다면 세상은 집사가 참 일꾼으로서 식탁에서 시중을 드는 것처럼 세계를 섬기고 봉사하는 지를 보려고 할 것입니다. "집사님!" 하고 부르는 소리에 뒤를 돌아보는 신자가 많아진다는 것은 좋은 일입니다. 그러나 그 숫자가 많아지는 만큼 세상의 섬김과 봉사의 몫도 커져야 한다는 것 또한 잊지 말아야 합니다. 집사는 이름이나 신분이나 계급이 아니라 섬김의 도, 봉사의 도, 사랑의 도를 보여주어야 하는 책임감 있는 직분이기에 더더욱 그렇습니다. 그러므로 교회를 지탱하는 이러한 집사들의 힘겨운 토끼 뜀박질이 한국교회의 쇄신과 성숙의 호기가 되기를 빌어 봅니다.

교회는 크게 나누어서 하나님에 대한 봉사 즉 예배(leitourgia)를 잘 해야 하며, 이웃에 대한 봉사(diakonia) 즉 사랑을 할 줄 아는 공동체여야 합니다. 이 둘은 어느 하나도 소홀히 할 수가 없는 교회의 중요한 역할이요 사명입니다. 세상은 어김없이 토끼를 잡기 위해서 사냥개를 동원할 것입니다. 처음에는 토끼를 잡기 위해서 사냥개를 이용하지만, 정작 토끼를 잡은 후에는 사냥개도 잡아먹으려고 하는 것이 세상입니다. 우리는 그것을 토사구팽(兎死狗烹)이라고 합니다. 교회가 이 사명을 망각하고 비난의 한 가운데서 맴돈다면 세상으로부터 토사구팽을 면하기 어려울 것입니다. 토끼처럼 귀를 쫑긋 세우고 열심히 달리되 자신을 뒤쫓는 사냥개 또한 늘 경계를 해야 할 것입니다. 토끼의 생명이 바로 '디아코니아'에 있다는 것을 명심한다면 사냥개쯤은 아무것도 아닐 것 입니다. 스데반과 같은 순교와 뵈뵈와 같은 여장부의 디아코니아(διακονία) 정신을 잊지 않는다면 말입니다.

chapter 33

유앙겔리온(福音)을 외치자

헬라어, 세상을 말하다

"εὐαγγέλιον" (유앙겔리온)

12월! 한 해를 마무리해야 하는 마음 비움의 시기에 한때 우리나라는 한반도 서해 끝자락 연평도에서 빚어진 북한의 도발로 온통 시끌벅적하였고, 온 국민이 재도발 가능성으로 불안한 나날을 보낸 적이 있었습니다. 이 불안한 때에 우리 귀를 번쩍 뜨이게 하며, 우리 모두를 기쁘게 할 만한 좋은 소식이 없을까요? 연말의 백화점 파격 세일 혹은 이벤트 같은 소식이 아니라, 이 시대의 진정한 평화를 위한 좋은 소식 말입니다.

2천여 년 전 예수님이 이 땅에 태어나던 당시의 상황은 어떠했을까요? 어쩌면 모든 정치와 경제, 종교와 사회 등 저 밑바닥에 있는 이스라엘 백성들의 삶도 로마와 자국의 권력자들의 지배에 의해 이리저리 차이고 할 말 못하며 살아가고 있었을 것입니다. 요즘과 같이 그 당시 백성들 또한 메시야가 나타나 억압받는 자신들을 구원해주시기만을 손꼽아 기다리면서 목이 빠지게 좋은 소식을 바랐을 것입니다. 이러한 상황에서 메시아, 예수님의 탄생은 만백성에게 '기쁜 소식' 혹은 '좋은 소식'(Good News)이었음에 틀림없습니다.

일반적으로 성경에서 '복음'(福音)이라고 번역된 이 용어는 기쁜 소식을 뜻하는 헬라어 "εὐαγγέλιον"(유앙겔리온)입니다. 기독교 신학에 가장 중요한 단어로 자리매김하게 된 이 용어는 '좋은', '기쁜', '반가운'을 의미하는 'εὐ'와 '소식', '기별'을 뜻하는 'αγγέλιον'의 합성어로서 신약성경 전체에 76번 나타납니다.[22]

고대 지중해 문화권에서는 전쟁에서의 승리를 비롯하여 황제와 관련된 모든 사건들은 모두 좋은 소식이었습니다. 이를테면 황제의 출생, 생일, 즉위식, 그리고 군사적, 정치적 승전보 등이 모두 좋은 소식, 반가운 기별이었던 것입니다. 이러한 축제일이 되면 전령관(κήρυξ, 케뤽스)이 말을 타고 여러 고을을 다니면서 "여기에 유앙겔리온이 있다"고 외치며 사람들에게 그 소식을 알렸던 것입니다. 그 케뤽스가 전하는 내용을 우리가 잘 아는 '케리그마'(κήρυγμα, kerygma)라고 했던 것입니다.

소아시아의 프리에네(priene)에서 이러한 쓰임새의 기원을 알게 해주는 기원전 9년의 고대 비문이 발견되었는데, 거기에는 로마 황제인 아우구스투스(BC 63~AD 14)의 탄생에 관해 "신의 생일은 세상을 위한 기쁜 소식이다"라고 언급하고 있습니다. 또한 도미티아누스 황제(AD 51~96)는 스스로 "신이요 황제"라고 자처하여 '유앙겔리온'을 외치면서, 자신을 숭배하도록 강요했습니다. 곳곳에 황제 신전을 지어 참배하도록 하면서 말입니다. 이처럼 황제의 근황들을 알리는 좋은 소식을 의미하는 용어가 바로 "εὐαγγέλιον"(유앙겔리온)이며, 이런 기쁜 소식들은 로마제국의 모든 사람들에게 기쁨과 안정을 주는 희망의 용어로 사용되었던 것입니다.

복음서 저자들과 사도 바울은 당시 황제에게만 적용되었던 이 개념을 차용하여 예수의 생애야말로 바로 '유앙겔리온'이라고 온 지중해 세계에 선포했던 것입니다. 다시 말해, 초기 그리스도교인들은 예수의 탄생, 생애, 죽음, 부활과 현현을 그리스도의 승리(승전보)로 보았던 것입니다. 따라서 우리는 '유앙겔리온'이라는 말 한마디를 통해서 1세기의 그리스도교에서는 예수 그리스도의 오심이야말로 황제와 관련된 기쁜 소식 못지않게 반갑고도 좋은 기별이었으며, 그의 오심은 곧 세계가 동터오는 것으로 인식했다는 것을 알 수 있습니다.

항상 우리는 북한의 도발 가능성으로 나라 전체가 충격, 회의, 분노, 비통, 상처, 그리고 전운 등의 복잡한 감정으로 얽혀있습니다. 따라서 이번 성탄절은 여느 해처럼 예수 그리스도에 대한 가스펠(gospel)만 부르면서 교회 안에서만의 '유앙겔리온'이 되어서는 안 될 것입니다. 예수님은 만백성의 구원자요, 화해자로 오셨다는 예언자적 목소리가 보다 더 강력하게 담겨야 할 것입니다. 그는 진정 평화의 왕이요, 회복의 화신이자 우리 민족의 일치와 화합을 위해 오신 분임을 선포해야 할 것입니다. 더불어 항상 조국을 지키다 전사한 병사들의 넋을 기억하고 그 유가족의 마음을 위로하는 일 또한 잊지 말아야 합니다.

비록 북한의 도발에 맞선 전투의지를 주장하는 것도 일리가 있겠지만, 그렇다고 굶어 죽어가는 북한 주민들이 무슨 잘못이 있겠습니까! 지금 이 나라 백성들은 예수의 평화정신에 입각하여 평화의 지도력을 발휘하는 지도자의 신뢰어린 좋은 소식을 갈망하고 있습니다. 발터 카스퍼(W. Kasper)가 "예수의 메시지는 기쁜 소식이요,

하나님의 최종적이며 궁극적인 은총의 제공이다. … 예수의 설교는
위협의 설교가 아니라 기쁜 소식이다."라고 말한 것처럼, 이 나라의
지도자들도 그러한 신앙자세로 항상 국민들의 고통에 잘 대처해준
다면 그것이 바로 뜻 깊은 성탄선물이 될 것입니다.

All men are like grass,
and all their glory is like the flowers of the field,
the grass withers and flowerss fall,
but the word of the Lord atands forever.
And this is the word that was preached to you.

PART IV
헬라어로 비추는 사중복음의 그 빛깔

헬라어로 비추는 사중복음의 그 빛깔

Chapter	제목	단어	읽기	뜻
34	아노텐의 그 빛깔	ἄνωθεν	아노텐	다시, 위로부터
35	하기아스모스의 후예들이여	ἁγιασμός	하기아스모스	성결, 거룩함
36	테라페이아의 은총을 베푸소서!	θεραπεία	테라페이아	신유
37	늘 종말을 살게 하소서!	παρουσία	파루시아	재림

chapter 34

아노텐의 그 빛깔

헬라어, 세상을 말하다

"ἄνωθεν"(아노텐)

그리스도인은 모두 거듭난 성도들인가? 신약성서는 그리스도인이 거듭나야 함을 여러 차례 강조하고 있습니다. 그래서 기독교에서는 교파를 불문하고 거듭남을 통한 신앙적 변화를 매우 중요시 여기는 것입니다. 특히 한국성결교회는 '중생, 성결, 신유, 재림'이라는 사중복음의 기치 아래 성장한 교단입니다. 그 중에서도 중생(重生) 곧 거듭남을 맨 앞으로 내세운 것은 그리스도인의 신앙생활에서 첫 번째 단계의 자리가 바로 중생임을 강조하는 것이 아니겠습니까?

'거듭남'(regeneration, born again)이라는 말은 달리 표현하면 '다시

태어난다', '새로 태어난다'는 뜻입니다. 신약성서에서 거듭남의 비밀을 가장 잘 설명하는 곳이 요한복음 3장에 나오는 예수님과 니고데모와의 대화 내용입니다. 예수께서는 니고데모에게 "사람이 거듭나지 아니하면 하나님 나라를 볼 수 없다"(요 3:3)고 말씀하셨습니다. 본문에서 사용된 '거듭난다'라는 말은 헬라어 원어로 "겐나오 아노덴"(γεννάω ἄνωθεν)입니다. 여기서 '겐나오'(γεννάω, 신약성서에 97번 등장)는 '태어나다'라는 뜻의 동사이며, '아노덴'(ἄνωθεν, 신약성서에 13번 등장)은 두 가지 개념, 즉 '위로부터'와 '다시'를 뜻하는 부사어입니다. 그러므로 거듭남이란 이중적 의미를 품고 있는데, 하나는 '위로부터 태어난다'는 뜻이고, 또 다른 하나는 '다시 태어난다'는 뜻입니다. 하나의 단어로 이중적인 의미를 드러내고자 하는 기법은 요한복음이 즐겨 쓰는 어법입니다.

그렇다면 위로부터 다시 태어나는 비결은 무엇일까요? 그것은 내려오시고(성육신) 올라가신(승천) 예수 그리스도를 믿는 신앙과 그 신앙을 고백하며 행동으로 드러내는 상징적 몸짓인 '세례'입니다. 우리가 세례를 받는다는 것은 결국 거듭났다는 상징적인 행위를 만인에게 보여주고 공포하는 것이기도 합니다. 하나는 속-거듭남이요, 다른 하나는 겉-거듭남이라고 구분 짓는다 해도 무리는 없을 것입니다. 기독교 신앙은 하나님께로부터 새로 나는 것이며, 위로부터 나는 것인데, 그것은 그리스도를 구주로 믿는 내적 신앙과 그 외적 신앙 행위의 상징인 세례를 통해서 이루어집니다.

성결교회의 시조(始祖)에 해당되는 존 웨슬리(John Wesley)는 중생 혹은 '신생'(新生)을 이렇게 설명하고 있습니다. 신생은 "하나님께서 우리 안에서 우리의 타락된 본성을 다시 새롭게 하시는 위대한 역사"이며, "예수 그리스도 안에 있는 구속하심을 통하여 하나님의 은총으로 말미암아 의롭게 된 순간, 역시 우리는 성령으로 새로 태어나게" 되는 것입니다. 더 나아가서 "신생은 예수 그리스도 안에서 새로운 피조물"이 되는 것이며, 신생은 세상적이고 정욕적이며 악마적인 마음이 "예수 그리스도 안에 있는 마음으로 바뀌는 변화"라고 말합니다.

이런 의미에서 거듭남은 우리가 회심을 하는 신앙적인 경험과도 맥을 같이 합니다. 회심 혹은 회개는 마음을 바꾸고 생각을 바꾸는 것을 말하며 헬라어로는 '메타노이아'(μετάνοια)라고 합니다. 그러므로 거듭난다는 것은 성령의 역사로 말미암아 새로운 하나님의 사람이 되어 예수 그리스도의 마음을 갖게 되는 은총이라고 말할 수 있겠습니다. 위로부터 임하는 하나님의 은총과 위로부터 오신 예수 그리스도의 능력과 그분에 대한 믿음이 우리로 하여금 새로운 존재, 새로운 피조물로 다시 태어나게 하는 것입니다.

누구나 인생에 있어서 훌륭한 종교를 갖는다면 그 사람에게 삶의 의미를 더욱 풍요롭게 해줄 것입니다. 더구나 그리스도인이 되어 생각이 깨고 마음이 거듭나서 죽음에서 다시 살아나 하나님의 사랑받는 존재가 된다면 더할 나위 없이 좋을 것입니다. 그러나 명심합시다! 사람들이 그리스도인이 된다는 것, 혹은 그리스도인이 변화된다는 것은 "새 종교가 아니라 새로운 생명을 얻는 것이며, 옛 본성이 아니라 새로운 본성으로 재창조되는 것"임을.

인간의 영혼은 하나님을 향해 호흡합니다. 그 호흡의 원천은 '아노덴'(ἄνωθεν) 즉 위로부터 다시 내려올 때 가능합니다. 그러한 새로운 호흡을 통해서 우리는 하나님 나라를 뵙는 그리스도인, 하나님을 알현하는 그리스도인이 될 수 있는 것입니다. 이 가을에 지난해와 다를 것도 없이 단풍놀이를 즐기며 얼마 남지 않은 한 해의 여운을 달래기보다는, 다시 한 번 우리의 속사람을 다시 태어나게 해서 위로부터 오는 신앙색깔로 물들이는 계기를 가져보면 어떨까요? 긴 신앙여정에 두고두고 감치는 색다른 삶의 감각을 맛보게 될 것입니다.

chapter 35

하기아스모스의 후예들이여

헬라어, 세상을 말하다

"*ἁγιασμός*" (하기아스모스)

지금부터 494년 전, 1517년 10월의 마지막날은 마르틴 루터가 종교개혁을 부르짖었던 역사적인 날입니다. 독일에서 종교개혁이 일어난 지 200년 후에 영국에서도 영적 대각성운동의 새로운 바람이 불기 시작했습니다. 18세기 영국의 사회변혁에 지대한 영향을 미쳤던 존 웨슬리(John Wesley, 1703~1791)는 중생과 성결을 강조하면서 개인의 성결, 그리스도인의 사회적 책임과 사랑을 전파하여 교회사에 큰 족적을 남겼습니다.

어원적으로 보면, 한자어인 '성결(聖潔)'은 순수 우리말로 풀면 ‘거룩함’입니다. 구약에서는 거룩함을 히브리어 원어로 ‘코데쉬’(kodesh)라고 하는데, 동사 ‘카다쉬’(kadash, 거룩하게 하다, 성별하다)에서 유래한 명사이며, 그 형용사는 ‘카도쉬’(kadosh, 거룩한)입니다. 신약에서 거룩함은 헬라어 동사 ‘ἁγιάζω’(hagiazo, 거룩하게 하다, 신약에서 28번 등장)에서 파생된 명사 “ἁγιασμός”(하기아스모스)인데, 신약의 서신서들에만 10번 나타나며(롬 6:19, 22; 고전 1:30; 살전 4:3, 4, 7; 살후 2:13; 딤전 2:15; 히 12:14; 벧전 1:2), 그 형용사 ‘거룩한’은 ‘ἅγιος’(hagios, 신약에 233번 등장)입니다. 오늘날 헬라어 ‘하기아스모스’는 ‘거룩함’, ‘성결’ 또는 ‘성화’(sanctification), ‘성별’로 번역됩니다. 거룩함이란 우리가 하나님을 위한 존재가 되었을 때 거룩하게 되었다고 말할 수 있습니다. 이에 존 찰스 라일(John C. Ryle)는 다음과 같이 말했습니다. “거룩함이란 습관적으로 하나님과 한마음을 갖는 것을 말한다. 하나님의 판단에 동의하고 그분이 미워하시는 것을 미워하며 사랑하시는 것을 사랑하며, 이 세상의 모든 일을 성경의 기준에 비추어 판단하는 행위를 의미한다.”

조종남 교수는 “성결교회가 주장하는 성결론은 바로 웨슬리의 성화론이다”라고 주장했습니다.[23] 그렇다면 “ἁγιασμός”(하기아스모스)를 번역한 두 용어, 성결과 성화는 같은 말일까요? 어원학적으로 성결과 성화는 그 어원이 동일하다는 점에서 가장 가까운 동의어입니다. 그러나 이 두 용어는 동일한 현상에 대한 다양한 표현이지만, 학자들은 약간 다른 관점에서 사용하기도 합니다. 존 웨슬리는 믿는 사람들이 구원에 이르는 점진적인 성장 단계 즉 성화를 3 단계로 구분하면서, 중생에는 성화의 관문인 '초기 성화'(initial sactification), 온전한 신앙인이 되기 위한 성장과정에 있는 점진적 성화(gradual sactification), 그리스도인의 완전에 이르는 온전한 성화(entire sanctification)가 있다고 주장했습니다. 여기서 성결인이 추구해야 할 진정한 삶은 이 온전한 성화의 단계인 것입니다. 한영태 교수는 성결을 달리 성화(聖化)로 보면서도, 이에 대해 이렇게 구분하여 설명합니다. "성화는 인물이나 사물이 거룩하게 되는 행위 또는 과정으로 정의하고. 성결은 성화의 결과로서 이루어진 상태로 정의한다. 성화는 내적인 죄로부터의 정결함을 강조하여 경험적인 면을 나타내고, 성결은 성화를 경험한 사람의 상태 혹은 상황에 관계되는 도덕적인 면을 강조한다. 성화는 하나님께서 거룩하게 하시는 사역이라면, 성결은 그 결과로서의 거룩해진 상태를 말한다."[24] 또한 성결은 최고선(summum bonum)이며, 전능한, 구별된, 초월된 하나님의 성품과 같은 것입니다. 그 최고의 표현은 바로 '사랑'입니다. 더불어 하나님께서 정하신 도덕법을 가치 기준으로 삼고 성육신 하신 그리스도를 삶의 모범으로 삼는 것입니다.

서구 산업혁명이 일어난 18세기 영국 교회가 부패와 타락으로 물들었던 것처럼, 21세기 지구촌은 한 치의 앞길을 예측하기가 어려울 정도로 부패와 도덕적 타락으로 얼룩져 있습니다. 이 혼탁한 시대에, 거룩한 사람은 겸손, 온유, 자기부인, 인내 등의 삶을 사는 것이 마땅하며, 그리스도인의 완전(Christian perfection)에 도달하기 위해 죄를 물리치고 마음과 삶을 지배하는 하나님의 사랑으로 충만해야 할 것입니다. 물론 성결은 천사적 성결을 의미하지는 않습니다. 남아 있는 죄의 가능성이 완전히 사라진 것이 아니기 때문입니다. 성화의 은혜를 체험했더라도 성결은 여전히 성장하는 진행형입니다. 그래서 성결인이 된 우리도 온전히 성장하여 그리스도인의 완전에 이를 때까지 성결하는 일에 게으르지 말아야 할 것입니다. 영국의 근대 종교개혁을 일으킨 웨슬리처럼, 누구보다도 성결하다고 자부하는 성결인들이 먼저 성결이라는 이름값을 해야 합니다. 예수 그리스도를 닮기 위해 고군분투(孤軍奮鬪)해야 한다는 말입니다. 더 나아가서 하나님의 형상을 회복하여 그분을 도덕적으로 닮는 개인의 성결, 마음의 성결뿐만 아니라, 세상의 빛과 소금이 되는 사회적 성결, 삶의 성결도 실천해야 할 것입니다. 그리하여 다시 한 번 한국교회를 쇄신하고 민족을 변혁하는 성결의 기치를 높이 올립시다! '하기아스모스'(ἁγιασμός)의 후예들이여! 그대들은 한국교회의 진정한 미래입니다!

chapter 36

테라페이아의 은총을 베푸소서

헬라어, 세상을 말하다

"θεραπεία" (테라페이아)

사회가 산업화되고 급변할수록 사람의 육체는 물질과 기계 문명의 노예가 되어, 이전에는 알지 못했던 수많은 질병들로 고통을 겪습니다. 게다가 내면적인 정신과 자아에도 병이 들어 정신분석학적 임상이 필요한 환자들이 많이 발생합니다. 세계 경제의 침체에 우리나라의 살림도 휘청거리고, 그에 따른 스트레스는 마음을 피폐시키고 결국 아무도 예측할 수 없는 극악 범죄가 발생하기도 합니다. 이러한 사회적 병폐를 막기 위해 무엇보다도 사람들의 마음을 건강하게 하고, 현대병을 치유할 수 있는 강력한 매체가 절실합니다. 그러한 사람들의 몸과 마음을 전인적으로 치유하는 하나님의 역사,

‘신유’(神癒, divine healing)가 있습니다.

안타깝게도 신유라는 낱말 자체는 성경에도, 우리말 사전이나 성경대백과사전에도 언급되지 않습니다. 그러나 한자어로 신유는 ‘나을 유(癒)’를 사용하기 때문에 ‘하나님께서 인간의 질병이나 연약함을 치유해 주신다’는 뜻으로 해석할 수 있습니다. 우리가 신유에 대한 헬라어 어원을 신약성서에서 찾고자 할 때 특별히 이 두 단어를 주목해야 합니다.

첫째로, 신약에 26번 등장하는 “ἰάομαι”(이아오마이)가 있는데, 그 의미는 병을 ‘고치다’, ‘치료하다’입니다. 고대 헬라어에서 이 동사는 거의 독점적으로 의학적인 용어로만 사용되었지만, 신약성서에는 병을 치료하다는 의미로 확장되었습니다. 둘째로, 신약성서에서 “ἰάομαι”보다 더 흔히 언급되는 단어 “θεραπεύω”(테라퓨오, 43번 등장)는 ‘병을 고치다’, ‘치유하다’, ‘섬기다’, ‘봉사하다’ 등으로 번역됩니다. 이 단어의 원 뜻은 신을 섬기는 제의적 봉사를 포함하여 다양한 종류의 돌봄이나 섬김, 봉사를 제공하는 것입니다. 신약성서에는 이 단어를 차용하여 ‘치유하다, 회복케 하다, 병을 고치다’ 등의 의미로 사용했습니다. 이 용어는 “단순한 의학적 처방만을 의미하는 것이 아니라 메시아께서 가져다 주는 진정한 치유를 의미합니다.”

특히 하나님 나라의 도래, 인간 존재의 모든 영역, 즉 영적, 정신적, 감성적 영역에 대한 예수님의 권세를 상징할 때 자주 쓰던 말이었습니다. 이 동사의 파생 명사는 'θεραπεία'(테라페이아, 신약성서에 3번 등장)이며, 그 의미는 '치유'(눅 9:1; 계 22:2), '섬김, 봉사, 종'(눅 12:42)입니다. 여기에서 파생된 영어가 바로 'therapy'인 것입니다. 이런 이유로 앞으로 교회에서는 '신유'라는 명사어에 해당하는 헬라어 원어를 "θεραπεία"로 써야 할 것입니다.

초대교회 이래로 '테라페이아'는 'ministerium'(미니스테리움) 즉 '교역'(敎役)으로 번역되었습니다. 신유 혹은 치유의 행위를 목회 사역의 일부분으로 본 것입니다. 실제로 예수님께서는 자신의 사역을 병약한 사람들을 보살피는 봉사자(therapon)로 여기시고(마 4:24, 8:7; 막 1:34, 3:10; 눅 14:3), 그 치유 행위를 통해서 하나님의 통치, 메시아의 현존을 드러내셨습니다. 이에 심프슨(A. B. Simpson)은 "신유란 인간 육체 속에 주입하시는 초자연적 신적 능력으로서, 그들의 힘을 새롭게 하시고 고통 받는 인간 육체의 허약한 것을 하나님의 생명과 능력으로 바꾸어 주시는 것"이라고 말합니다.

이렇듯 신유는 인간의 육체와 정신, 그리고 감정과 영성에 영향을 미치는 것으로서 의학적인 치료나 간호를 통한 치유뿐만 아니라, 하나님의 능력에 의해서 영혼과 육체적 건강을 회복하는 것을 뜻합니다. 한마디로 말해서 신유는 하나님의 전권적인 치유은총이라고 말할 수 있을 것입니다. 한국교회에 족적을 남긴 많은 교회 지도자들이 치유의 은총을 체험하고 예수를 영접했듯이, 신유는 하나님의 직접적인 손길이 닿는 역사(役事)의 한 방식이자, 궁극적으로는 인간을 구원으로 이끄시는 하나님에 의한 은총이자 체험인 것입니다.

어떤 신학자는 이렇게 말합니다. "고통 받고 있는 인간의 마음을 아프게 하는 태도가 있다면, 바로 무관심입니다. 도움을 절실히 필요로 하는 많은 사람들은 자신의 애기에 귀기울여주고, 격려의 말을 해주며, 용서하며 안아주며, 자신의 손을 꼭 잡아 주며, 부드러운 미소를 지어 주거나 더 이상 도울 능력이 없다는 말이라도 듣고 싶어 합니다. … 진정한 순교란 우는 사람들과 함께 울고 웃는 사람들과 함께 웃는 것에서부터 시작하며, 고통스럽거나 즐거운 자신의 경험들을 다른 사람들이 마음껏 이용할 수 있도록 하며, 그들이 스스로의 상태를 분명히 인식하고 이해할 수 있도록 돕는 것입니다." 곰곰이 생각해보면 이처럼 예수님께서는 우리의 고통과 아픔을 외면하지 않으시고 항상 함께 '임마누엘' 하셨던 것입니다. 뿐만 아니라 그분은 우리의 아픔과 병듦을 직접 어루만지시고 치유해

주셨습니다.

오늘날 우리는 그러한 신유의 은총, 아니 현대교회의 순교자적 치유자가 어느 때보다 필요한 시대에 살고 있습니다. 이러한 시대를 위해 하나님께서는 교회에 "모든 병과 모든 약한 것을 고치는 권능을" 허락해주셨습니다(마 10:1). 그러기에 교회는 이 세상에 하나님의 화해의 능력이 현존하고 있음을 보여 줄 수 있도록 더더욱 치유(θεραπεία)의 복음, 치유의 은총을 베풀어야 할 사명이 있음을 잊지 말아야 할 것입니다.

chapter 37

늘 종말을 살게 하소서!

헬라어, 세상을 말하다

"παρουσία" (파루시아)

우주의 종말사상은 인류의 유사 이래로 계속 강조되어 왔지만, 최근 들어 유달리 종말을 생각나게 하는 많은 대사건들이 발생하고 있습니다. 물론 1세기 예수 사후에도 그리스도인들은 줄곧 그분이 다시 오시기만을 기다리는 '재림'(再臨) 신앙의 소망 가운데 믿음을 간직했습니다.

'재림'을 의미하는 헬라어 원어는 '파루시아'(παρουσία, 신약성경에 24회 등장)인데, 고전헬라어에서 이 용어는 일반적인 의미로 '함께 있음', '현존', '임재'를 뜻하는 동시에 '도착', '오심', '도래'를 뜻하기

도 했습니다. 1세기 헬라문화에서 통용된 '파루시아'(parousia) 단어
는 왕이나 황제 같은 최고의 통치자가 자신의 위용을 드러내며 식
민지 도시들을 장엄하게 방문하는 데에서 유래하였습니다. 황제
의 '파루시아'는 백성들에게도 잘 알려져 있었습니다. 왜냐하면 황
제의 '파루시아' 날짜가 정해지면 먼저 세금이나 곡식들을 거두어
그 돈으로 도로를 만들거나 건물들을 지었으며, 축제 행사를 준비
하고, 방문기념 주화를 주조하며, 방문 기념 제사를 드렸기 때문입
니다. 이러한 왕이나 황제의 '파루시아'들은 그 특이한 위엄과 찬
란함으로 유명하였습니다. 1세기 그리스도인들은 이 땅의 지배자
인 로마황제의 '파루시아' 장면과 만왕의 왕이신 그리스도의 찬란
한 '파루시아' 사이에 유사성을 발견하고, 황제의 도착에만 사용되
었던 용어를 차용하여 예수의 '재림' 또는 '강림'을 뜻하는 교회전
문용어로 정착시켰던 것입니다(고전 15:23; 딤전 2:19, 3:13, 4:15, 5:23; 딤
후 2:1, 8; 약 5:7, 8; 벧후 1:16, 3:4; 요일 2:28). 이 '파루시아'의 파생어가 오
늘날 강림절 또는 대림절을 뜻하는 영어 'Advent'의 뿌리인 라틴어
'Adventus'인 것입니다.

어원적으로 보면, 파루시아는 '$\pi\alpha\rho\alpha$'(para 곁에, 옆에)와 '$o\dot{v}\sigma\acute{\iota}\alpha$'
(ousia 본질, 실재)가 결합된 말로서 문자 그대로 '곁에 있는 것', '직접
적인 대면'이라는 뜻을 가지게 되었습니다. 고대 세계에서는 왕이나

황제가 방문하게 되면 기념주화를 만들어 공식화폐로 사용하거나, 면전에서 의식에 맞는 제물을 드렸습니다. 방문일은 당연히 '거룩한 날'로 지정되었습니다. 그런 의미에서 종말론적 용어인 '파루시아'는 '떠나 버린 자가 먼 미래에 다시 돌아온다'는 뜻을 넘어서 '곁에 있는 분 즉 예수께서 늘 우리와 함께 계신다'라는 뜻임을 명심할 필요가 있습니다. 뿐만 아니라 그분은 지금도 오고 계시고 와 계신 것입니다. 사도 바울이 생각한 그리스도인의 종말론적 삶이란 바로 예수께서 지금 여기에 와 계신 것처럼 살아야 된다는 것입니다.

사실 예수님은 초림(初臨)과 재림(再臨) 사이에도 심판과 축복을 행하시는 분으로 인류 역사에 끊임없이 오고 계십니다. 큄멜(W. G. Kümmel)은 이렇게 말했습니다. "예수가 선포한 종말론적 사건의 본질적 의미는 세계의 종말 그 자체에 있는 것이 아니라 다가오고 있는 종말론적 완성이 하나님, 즉 자신의 구속의 섭리를 이미 현재 예수 안에서 실현시키고 있는 바로 그 하나님의 나라를 현실로 만들고 있다는 데에 있습니다."[25]

그러나 우리는 종말론적 신앙, 종말론적 삶의 태도를 점차 상실하며 안일하게 신앙생활을 하고 있는 것 같습니다. 어떤 교단은 전천년왕국설을 주장하여 미래에 도래할 영광스러운 예수님의 재림에 대해서만 강조를 해왔습니다. 그러다보니 예수님께서 지금 우리에게 오고 계신다는 현재적이면서 실현된 종말에 대해서는 상대적으로 간과하였습니다. 따라서 우리가 더욱 균형 잡힌 종말신앙을 갖기 위해서는 우리의 재림 신앙이 단순히 도래할 먼 미래를 고대하는 것뿐만 아니라, 실존적으로 지금 여기에 와 계신 예수님 역시 맞아들이는 것임을 놓치지 말아야 합니다. 분명히, 아직 완성되지 않은 종말의 언젠가 그분이 오셔서 공의로 심판하시고 새로운 세상을 열어주실 것입니다. 그러나 오늘을 사는 우리에게는 지금도 곁에 오신 그분을 만나며 종말론적 삶을 살아가는 것, 즉 하나님 나라를 현실로 만들어 가는 것 또한 매우 중요한 사실이라는 점을 잊지 말아야 할 것입니다.

1) 영어의 'economy'는 집을 나타내는 '오이코스'와 관리를 뜻하는 '노미아(nomia)'를 합친 '오이코노미아(oikonomia)'에서 나온 말로, '집안 살림을 관리한다'는 뜻입니다.

2) 구약성서(LXX)에 보면 로고스는 예언서와 지혜문학에서, 레마는 모세오경과 역사서에서 주로 사용한 흔적을 볼 수가 있습니다. 전자는 후자에 비해서 예언이나 지혜에 관련된 의미에 더 무게가 있습니다. 신약성서에서는 레마보다는 로고스를 훨씬 더 많이 사용하고 있습니다.

3) 니케아 공의회 개최 날짜: AD 325년 5월 20일~7월 25일.

4) 아이스킬로스(Aeschylus, BC 525?-456)는 고대 그리스 3대 비극시인 중 한 사람으로 모두 90편의 비극을 썼으나 현존하는 작품은 〈오레스테이아〉, 〈페르시아인〉〈결박된 프로메테우스〉 등 7편만의 비극만이 남아있습니다. 그는 우리가 알고 있는 형식을 비극에 부여한 최초의 사람으로서 오늘날 '비극의 아버지'로 일컬어집니다.

5) 신약에 114회 등장하는 기독교의 핵심용어 '에클레시아'(ἐκκλησία, 교회)

는 주로 바울, 누가, 요한이 사용하는 용어입니다. 114회 중에서 바울이 62회(롬 16:1, 4, 5, 16, 23; 고전 1:2; 4:17; 6:4; 7:17; 10:32; 11:16, 18, 22; 12:28; 14:4, 5, 12, 19, 23, 28, 33, 34, 35; 15:9, 16:1, 19[2번]; 고후 1:1; 8:1, 18, 19, 23, 24; 11:8, 28; 12:13; 갈 1:2, 13, 22; 엡 1:22; 3:10, 21, 23, 24, 25, 27, 29, 32; 빌 3:6; 4:15; 골 1:18, 24; 4:15, 16; 살전 1:1; 2:14; 살후 1:1, 4; 딤전 3:5, 15; 5:16; 몬 1:2), 누가가 23회(행 5:11; 7:38; 8:1, 3; 9:31; 11:22, 26; 12:1, 5; 13:1; 14:23, 27; 15:3, 4, 22, 41; 16:5; 18:22; 19:32, 39, 40; 20:17, 28), 요한이 20회(계 1:4, 11, 20[2번]; 2:1, 7, 8, 11, 12, 17, 18, 23, 29; 3:1, 6, 7, 13, 14, 22; 22:16) 언급합니다. 그리고 그 외에 9회가 마 16:18; 18:17[2번]; 히 2:12; 12:23; 약 5:14; 요삼 1:6, 9, 10에 나타납니다.

6) "行有不得 反求諸己"(행유부득 반구저기)는 행동을 해서 원하는 결과가 얻어지지 않더라도 자기 자신을 돌아보고 그 원인을 찾아야 한다는 의미입니다.

7) 우리말 예배에 해당하는 예배라는 용어 'worship'은 본래 앵글로-색슨어 'worth'(가치가 있는)와 'ship'(추상명사를 만드는 접미사)의 합성어로서 "최상의 가치를 표현하는 것"이라는 뜻을 갖습니다. 미국에서는 주일 예배를 'Sunday service'라 부르는데, 예배자가 하나님과 그 나라를 위해 헌신, 봉사하는 예배자의 의무를 강조하는 말입니다. 또한 'liturgy'는 예배의 방식, 제도, 성찬 등 예배 예식을 주로 표현하는 용어입니다.

8) Michael J. Sandel, 『정의란 무엇인가?』 이창신 역(서울: 김영사, 2010).

9) 고대 그리스 철학자이며 소피스트인 트라시마코스(Thrasymachos, BC 5세기 후반)는 소크라테스와 동시대 인물로서 법률과 힘을 동일시하고 둘 다 강자의 권리를 대표하는 것이라고 주장합니다.

10) 예를 들면, '울타리의 막대'(호메로스 Homeros, Odyssey 14:11), '성채의 버팀대'(크세노폰 Xenophon, Anababsis V. 2.21), '토대(土臺)의 버팀대'(헤로도토스 Herodotus, Hist. V. 6). 유복곤·김대식, 『지중해학 성서해석 방법이란 무엇인가?』 (서울: 프리칭아카데미, 2010), 58-69 참조.

11) Flavius Josephus, The Life 420.

12) 롬 2:15; 9:1; 13:5; 고전 8:7, 10, 12; 10:25, 27, 28, 29[2번]; 고후 1:12; 4:2; 5:11; 딤전 1:5, 19; 3:9; 4:2; 딤후 1:3; 딛 1:15).

13) 헬라어 'εἰρήνη'는 우리말 성경에서 다양하게 번역됩니다. 신약에 총 92번 언급 중에 '평안' 29회(마 10:13[2번]; 막 5:34; 눅 2:29; 7:50; 8:48; 10:5; 16:2[2번]; 요14:27[2번]; 16:33; 20:19; 20:21; 행 9:31; 10:33; 16:36; 롬 1:7; 고전 16:11; 고후 13:11; 갈 1:3; 엡 2:17[2번]; 4:3; 6:15, 23; 살전 5:3; 히 11:31; 약 2:16), '화평' 18회(마 10:34[2번]; 눅 12:51; 행 10:36; 롬 5:1; 8:6; 14:19; 고전 7:15; 14:33; 갈 5:22; 엡 2:14, 15; 딤후 2:22; 히 12:14; 약 3:18[2번]; 벧전 3:11; 계 6:4),

'평강' 37회(눅 1:79; 24:36; 요 20:26; 롬 2:10; 3:17; 14:17; 15:13, 33; 16:20; 고전 1:3; 고후 1:2; 엡 1:2; 갈 6:16; 빌 1:2; 4:7, 9; 골 1:2; 3:15; 살전 1:1; 5:23; 살후 1:2; 3:16[2번]; 딤전 1:2; 딤후 1:2; 딛 1:4; 몬 1:3; 히 7:2; 13:20; 벧전 1:2; 5:14; 벧후 1:2; 3:14; 요이 1:3; 요삼 1:15; 유 1:2; 계 1:5), '평화' 3회(눅 2:14; 19:38, 42), '안전' 1회(눅 11:21), '화친' 1회(눅 14:32), '화해' 1회(행 7:26), '화목' 1회(행 12:20), 그리고 '태평' 1회(행 24:2)로 번역됩니다.

14) '하마르티아'(ἁμαρτία, 죄) 용어는 로마서와 히브리서에 흔히 등장합니다. 신약에서 173회 언급 중에 로마서에 48회(3:9, 20; 4:7, 8; 5:12[2번], 13[2번], 20, 21; 6:1, 2, 6[2번], 7, 10, 11, 12, 13, 14, 16, 17, 18, 20, 22, 23; 7:5, 7[2번], 8[2번], 9, 11, 13[3번], 14, 17, 20, 23, 25; 8:2, 3[3번], 10; 11:27; 14:23), 그리고 히브리서에 25회(1:3; 2:17; 3:13; 4:15; 5:1, 3; 7:27; 8:12; 9:26, 28[2번], 10:2, 3, 4, 6, 8, 11, 12, 17, 18, 26; 11:25; 12:1, 4; 13:11) 나타납니다. 그리고 복음서에 41회, 사도행전에 8회, 나머지 바울서신에 16회, 공동서신에 32회, 마지막으로 요한계시록에 3회 언급됩니다.

15) 기독교의 핵심용어 '카리스'(χάρις, 은혜, 은총)는 신약에 155번 언급되는데, 복음서에 12회(눅 1:30; 2:40, 52; 4:22; 6:32, 33, 34; 17:9; 요 1:14, 16(2번), 17), 사도행전에 17회(2:47; 4:33; 6:8; 7:10, 46; 11:23; 13:43; 14:3, 26; 15:11, 40; 16:27; 20:24, 32; 24:27; 25:3, 9), 바울서신에 100회(롬 1:5, 7; 3:24; 4:4, 16; 5:2, 15[2번], 17, 20, 21; 6:1, 14, 15, 17; 7:25; 11:5, 6[2번]; 12:3, 6; 15:15; 16:20; 고전 1:3, 4; 3:10; 10:30; 15:10[3번], 57; 16:3, 23; 고후 1:2, 12, 15; 2:14;

4:15; 6:1; 8:1, 4, 6, 7, 9, 16, 19; 9:8, 14, 15; 12:9; 13:13; 갈 1:3, 6, 15; 2:9, 21; 5:4; 6:18; 엡 1:2, 6, 7; 2:5, 7, 8; 3:2, 7, 8; 4:17, 29; 6:24; 빌 1:2, 7; 4:23; 골 1:2, 6; 3:16; 4:6, 18; 살전 1:1; 5:28; 살후 1:2, 12; 2:16; 3:18; 딤전 1:2, 12, 14; 6:21; 딤후 1:2, 3, 9; 2:1; 4:22; 딛 1:4; 2:11; 3:7, 15; 몬 1:3, 25), 히브리서에 8회(2:9; 4:26[2번]; 10:20; 12:15, 28; 13:9, 25), 공동서신에 16회(약 4:6[2번]; 벧전 1:2, 10, 13; 2:19, 20; 3:7; 4:10; 5:5, 10, 12; 벧후 1:2; 3:18; 요이 1:3; 유 1:4), 그리고 요한계 시록에 2회(1:4; 22:21) 나타납니다.

16) 크로노스는 가로방향의 수평적 시간 개념이기 때문에 '씨줄'이며, 카이로스는 새로방향의 수직적 시간 개념이기 때문에 '날줄'입니다.

17) Gerhard Kittel and Gerhard Friedrich, 『신약성서 신학사전』 (서울: 요단출판사, 1986), 44-46.

18) 화가여생(禍家餘生)은 죄화(罪禍)를 입은 집안의 자손이라는 뜻이며, 화이부동(和而不同)은 남과 사이좋게 지내되 의(義)를 굽혀 좇지는 않는다는 의미이고, 화풍난양(和風暖陽)은 솔솔 부는 화창한 바람과 따스한 햇볕이라는 뜻입니다.

19) 중국 춘추시대 노(魯)나라의 현인. 공자가 가장 신임했던 제자인 안회(顔回, BC 521-481)는 공자보다 30살 어렸지만 그의 스승보다 먼저 죽었습니다.

20) Richard Horsley (ed.), 『바울과 로마제국』 홍성철 역(서울: CLC, 2007), 17-19.

21) 플라톤, 『플라톤의 티마이오스』 박종현 · 김영균 역(서울: 서광사, 2008) 참조.

22) '유앙겔리온'(εὐαγγέλιον, 복음)은 주로 바울서신에 사용됩니다. 신약 76회 언급 중에 60번을 바울이 사용합니다(롬 1:1, 9, 16; 2:16; 10:16; 11:28; 15:16, 19; 16:25; 고전 4:15; 9:12, 14[2번], 18[2번], 23; 15:1; 고후 2:12; 4:3, 4; 8:18; 9:13; 10:14; 11:4, 7; 갈 1:6, 7, 11; 2:2, 5, 7, 14; 엡 1:13; 3:6; 6:15, 19; 빌 1:5, 7, 12, 16, 27[2번]; 2:22; 4:3, 15; 골 1:5, 23; 살전 1:5; 2:2, 4, 8, 9; 3:2; 살후 1:8; 2:14; 딤전 1:11; 딤후 1:8, 10; 2:8; 몬 1:13).

23) 조종남, 『사중복음의 현대적 의의』 (서울: 대한기독교서회, 2009), 137.

24) 한영태, 『그리스도인의 성결』 (서울: 성광문화사, 1996), 195.

25) W. G. Kümmel, 『약속과 성취』 김명용 역(서울: 한국장로교출판사, 1993), 181.

헬라어, 세상을 말하다

초판 1쇄 발행	2013. 5. 20.
초판 2쇄 발행	2014. 6. 27.
지은이	유복곤
펴낸이	방주석
펴낸곳	베드로서원
주소	(130-812) 서울시 동대문구 천호대로2길 23-3 진흥빌딩 501호
전화	팩스	02)333-7316	02)333-7317
이메일	peterhouse@daum.net
홈페이지	www.peterhouse.co.kr
창립일	출판등록	1988년 6월 3일	2010년 1월 18일(제59호)
ISBN	978-89-7419-322-5 03230
책값	뒤표지에 있습니다.

© 이 출판물은 저작권법에 의해 보호를 받는 저작물이므로
무단 전재와 복제를 할 수 없습니다.

베드로서원은 말씀과 성령 안에서 기도로 시작하며
영혼이 풍요로워지는 책을 만드는 데 힘쓰고 있으며
문서선교사역의 현장에서 세계화의 비전을 넓혀가겠습니다.

✝

나의 힘이신 여호와여 내가 주를 사랑하나이다(시 18:1)